Couverture inférieure manquante

DEBUT D'UNE SERIE DE DOCUMENTS
EN COULEUR

LA
LOUVETERIE
EN BOURGOGNE

RECHERCHES SUR LA DESTRUCTION DES LOUPS
ET AUTRES
ANIMAUX NUISIBLES
AUX XIVe, XVe ET XVIe SIÈCLES

PAR

Marcel et Paul CANAT DE CHIZY

CHALON-SUR-SAONE
IMPRIMERIE FRANÇAISE ET ORIENTALE DE E. BERTRAND
5, Rue des Tonneliers, 5

1900

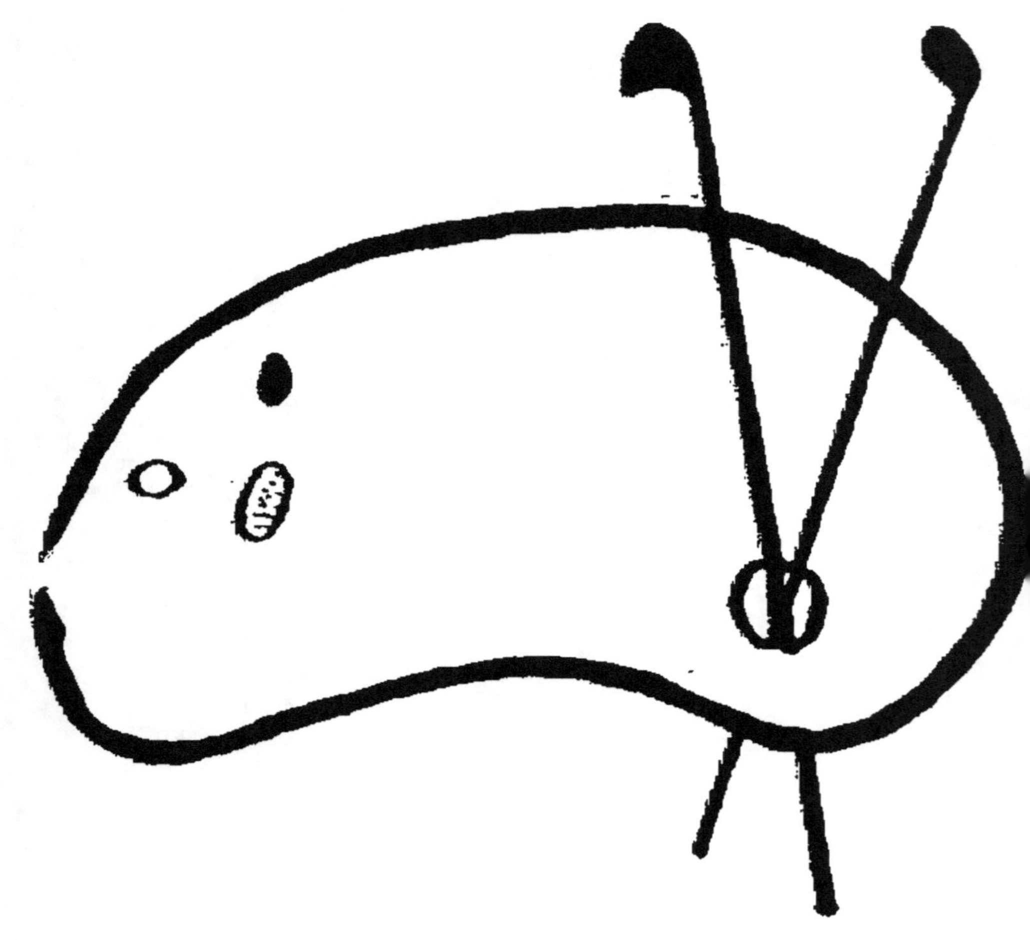

FIN D'UNE SÉRIE DE DOCUMENTS
EN COULEUR

LA LOUVETERIE

EN BOURGOGNE

CHALON-SUR-SAONE

IMPRIMERIE FRANÇAISE ET ORIENTALE DE L. MARCEAU

LA
LOUVETERIE
EN BOURGOGNE

RECHERCHES SUR LA DESTRUCTION DES LOUPS

ET AUTRES

ANIMAUX NUISIBLES

AUX XIVᵉ, XVᵉ ET XVIᵉ SIÈCLES

PAR

Marcel et Paul CANAT DE CHIZY

CHALON-SUR-SAONE

IMPRIMERIE FRANÇAISE ET ORIENTALE DE E. BERTRAND

5, Rue des Tonneliers, 5

1920

LA LOUVETERIE

EN BOURGOGNE

PAR

PAUL CANAT DE CHIZY[1]

Dans tout les temps les gouvernements ont compté parmi leurs plus stricts devoirs celui d'encourager la destruction des animaux nuisibles, et encore aujourd'hui des primes sont données aux tueurs de loups. Mais combien de personnes, même parmi les chasseurs les plus instruits, savent comment autrefois la Louveterie était réglementée, rémunérée, protégée? en quel temps eurent lieu ses premiers essais et à qui doit revenir l'honneur de son institution?

Nous sommes fiers à bon droit de nos lois modernes, et notre supériorité nous permet de rechercher, sans prévention, dans le passé, si d'autres avant nous n'auraient point connu en germe quelques-unes des précieuses nouveautés dont nous jouissons. J'ai donc pensé qu'il ne serait pas sans intérêt de traiter de la Chasse du loup et autres bêtes sauvages, au point de vue des usages et des lois qui protégeaient le citoyen contre les animaux nuisibles. Il m'a paru bon que l'on sache comment la sollicitude des Rois et particulièrement des Ducs en Bourgogne veillait à la sécurité et au bien-être des habitants des champs.

Surtout qu'on ne s'attende pas à trouver ici un traité de chasse et encore moins un code de législation cynégétique. Je me sens incompétent dans l'un et l'autre cas. Mais si je ne suis pas chasseur, je ne nourris pas contre cette classe d'oisifs les mépris rigoureux que lui on. témoignés les auteurs de certains livres canoniques.

Ces contempteurs injustes s'appuient sur un canon du IVe Concile de

1. Ce travail est tiré presque entièrement des documents laissés par Marcel Canat de Chizy, ancien président de la *Société d'Archéologie*.

Latran attestant que tout chasseur était pécheur. Je transcris ce canon non par malice, assurément, mais pour être complet : « Esaü, dit-il, venator erat, quia » peccator erat, et penitùs non invenimus in Scripturis sanctis sanctum vena- » torem. » On pense bien que je n'accepte pas complètement ce jugement incisif, pas plus du reste, que les Pères du Concile n'entendaient l'appli- quer aux chasseurs utiles : mon but, en effet, n'est pas de discourir sur la chasse et de médire des chasseurs, mais seulement de montrer historiquement, et preuve en main, que depuis longtemps la chasse officielle est connue et pratiquée, et que jadis nos pères faisaient en cela à peu près la même chose que nous.

Avant d'arriver à une réglementation officielle et certaine, que de siècles et de groupes de siècles se sont succédé, depuis le temps, où pour la pre- mière fois, l'instinct de la défense conseilla aux habitants primitifs du globe de créer des pièges pour détruire les animaux féroces !

Dans les dépôts des époques préhistoriques on trouve des restes d'espèces bien autrement à craindre que le loup, des ossements d'hyènes, de tigres et d'ours, etc., avec lesquels jamais être humain ne vécut en bonne intelligence. Par quel moyen les hommes de cette époque arrivaient-il à se défendre contre ces voisins dangereux ?

Il est certain que parmi les instruments de silex et d'os que nous recueil- lons avec tant de soins, quelques-uns ont dû servir à la chasse. La chasse fut en effet, un des premiers besoins de l'homme, pour sa subsistance et pour sa défense; mais c'est à la ruse surtout qu'à défaut d'armes vraiment meurtrières il dut avoir recours, et parmi les pièges primitifs, la fosse a été sans doute le premier essayé. Qu'on ne soit donc pas étonné si l'on retrouve encore dans nos campagnes des vestiges de ces fosses.

Les archéologues se sont préoccupés depuis quelque temps de certaines excavations qui existent dans toute la France, et dont les forêts de la Bourgogne renferment de nombreux spécimens. Ces cavités, auxquelles on a donné le nom de mordelles, marges, ou margelles, ont toutes un air de famille : elles sont de forme arrondie, aux alentours nivelés, et l'état de dégradation où on les trouve quelquefois n'empêche pas de reconnaitre que leur profondeur a dû être grande et leurs parois escarpées.

Les savants ne sont pas d'accord touchant la destination de ces ouvrages singuliers, et les opinions sont variées et quelquefois contradictoires. Parmi ceux qui s'en sont occupés après M. de la Villegille[1] qui, le premier, les a

____

1. *Mém. de la Soc. des Antiquaires de France*, t. XIV.

signalés, les uns voient dans les mardelles des habitations préhistoriques, celtiques ou plus récentes, des étages souterrains d'habitations gauloises, d'autres des réservoirs d'eau et même des embuscades pour cacher les soldats. En Bourgogne où ces fosses sont nombreuses, elles n'ont pas été suffisamment étudiées. Celles de la Bresse seules ont été l'objet d'un examen sérieux par un membre de la Société d'histoire et d'archéologie de Chalon, M. le Dr Gaspard, savant zélé et attentif[1].

Dans un mémoire lu au Congrès de Châteauroux de 1873, l'auteur se prononce pour l'époque néolithique et constate en passant, que, dans le centre de la France, le peuple donne aux mardelles le nom de fosses à loups[2]. Le peuple a-t-il raison? M. l'abbé Cochet, savant autorisé, est bien près de le croire, car il voit dans ces excavations, timidement, il est vrai, et jusqu'à nouvel ordre, des fosses à loups, et nous sommes de son avis.

En évitant de généraliser cette attribution et en attendant que les mardelles soit mieux étudiées, on peut sans trop d'imprudence reconnaître dans la plupart d'entre elles, les restes dégradés de vastes pièges destinés aux bêtes féroces, et admettre que parmi elles quelques-unes ont pu servir à prendre les hyènes, les tigres et les ours dont les stations préhistoriques nous ont conservé les débris. Ce n'est pas ici le lieu d'en parler plus longuement, qu'il suffise d'ajouter que quelques-unes sont pleines d'eau, et semblent avoir été creusées dans des conditions telles que l'eau a dû y affluer dès le premier jour et servir ainsi à rendre le piège plus meurtrier[3].

Dans les mardelles saines et desséchées le sol renferme quelquefois du charbon et des traces de foyers dont la présence est attribuée par quelques-uns aux habitants supposés, mais qui est plutôt due aux bois enflammés qu'on jetait dans la fosse pour asphyxier l'animal emprisonné.

Dès les temps anciens les législateurs se préoccupèrent de régler la chasse officielle. La loi de Solon accorde des primes aux destructeurs des animaux nuisibles, cinq drachmes pour un loup et une drachme pour une louve.

La loi Romaine, qui reconnaissait la liberté de la chasse comme dérivant

---

1. Ce mémoire manuscrit est conservé dans les archives de la Soc. d'histoire et d'arch. de Chalon.

2. Congrès archéol. de Châteauroux, par M. Guillard, 1873, p. 144. — Nous nous \`- pensons de faire ici la bibliographie des \`, delles.

3. Études sur les Fosses de nos forêts. *Bull. de la Comm. des antiquités de la Seine-Inférieure*, 1868, p. 337.

Communication sur les mardelles et souterrains refuges, *Congrès de la Société franç. d'Archéol. à Chalons-sur-Marne*, 1875 (1876, p. 178).

du droit de chacun de s'approprier ce qui n'appartient à personne[1], n'a de règlement précis sur cette matière qu'en ce qui concerne la protection accordée au possesseur du sol, qui avait seul le droit de permettre ou de défendre la chasse sur son champ. A défaut de protection légale, les *rustici* de l'Empire, pour se garder contre le *genus acre luporum*, comme dit Virgile, se confiaient à certains dieux choisis, et particulièrement à Apollon Lycéen, le tueur de loups, à Jupiter Lycée, Ζεὺς λυκαῖος, au dieu Pan, et à la déesse Luperca.

Il faut recourir à nos anciennes lois Bourguignonnes pour trouver la mention officielle des preneurs de loups. Dans le titre 46 de la loi Gombette, il ne s'agit, il est vrai, que de mesures de prudence destinées à protéger la vie des hommes contre le danger des arbalètes tendues dans les champs, mais la protection légale est clairement contenue dans le titre 72, qui décharge de toute peine, en cas d'accident le chasseur dont le piège à loups sera tendu loin des terres cultivées et dans un lieu désert. Le législateur va même plus loin et n'hésite pas à édicter des peines singulières contre les voleurs de chiens de chasse : « *Coram populo*, dit le texte que je n'ose traduire, *posteriora ipsius (canis) osculetur*[1]. »

C'est dans les lois carlovingiennes que paraissent les premiers indices de chasses réglementaires. Les vicaires ou viguiers en étaient chargés. Le capitulaire de Charlemagne *de villis*, leur enjoint de rendre compte du nombre de loups qu'ils prennent et d'en représenter les peaux. Le temps des chasses était fixé au mois de mai de chaque année et les engins consistaient, outre les chiens, en hameçons et fosses à loups[2].

Plus tard, on fit à ces vicaires une obligation d'entretenir deux officiers chargés de prendre les loups, deux louvetiers, *luparios duos*, dans l'étendue de chaque vicairie, et on renouvela l'ordre de remettre les peaux aux préposés du fisc, pour être affectées à l'usage du prince, *ad nostrum opus*. C'est la première apparition des louvetiers d'office.

On peut reconnaitre dans cette obligation de représenter les dépouilles des animaux tués, comme un essai lointain de la preuve matérielle qu'on exigera plus tard, quand on donnera officiellement ces primes aux tueurs de loups.

A dater dés Carlovingiens, la législation compliquée du moyen âge fournit,

---

1. Quod enim nullius est. id, naturali ratione, primo occupanti conceditur... (Instit., 12, de rerum divisione.)

2. Lex Burgundiæ, supp., t. X.
3. V. preuves, n⁰ˢ 4, 6, 7, 45.

touchant la chasse, des règles très diverses qui, le plus souvent, ne s'appliquent qu'à des limites féodales de petite étendue.

Dans la Bourgogne, au territoire de laquelle nous voulons surtout borner nos recherches, cette législation est tellement morcelée et pleine de contradictions, la règle s'y heurte si fréquemment contre le privilège, et le privilège contre l'exemption individuelle, qu'on me pardonnera de ne pas me plonger dans ces détails. Mais il convient de bien caractériser la différence introduite alors entre la chasse de plaisir, qui appartenait de droit au justicier, et celle dont l'objet principal était la destruction des animaux nuisibles.

Toute chasse, en général, faisait partie du droit du seigneur, mais la chasse utile était considérée comme un devoir que le souverain partageait avec son vassal, et contre lequel aucun droit ne pouvait prévaloir : il s'agissait en effet de la sécurité publique. Au-dessus des droits si divers qui avaient la chasse pour objet, dominait celui que retenait le prince, d'ordonner des chasses générales et officielles en tout lieu[1], et d'instituer des officiers chargés de purger le pays des bêtes fauves[2]. Cela était tellement absolu et de droit naturel que la plupart des anciennes coutumes, et particulièrement celles du duché de Bourgogne n'en parlèrent pas.

La première coutume codifiée, celle du XVe siècle, ne mentionne la chasse que pour en remettre la réglementation aux ordonnances faites ou à faire par le Duc, qui restait ainsi le dispensateur souverain de la protection qu'il devait à ses sujets[3].

Ces quelques mots font comprendre pourquoi, dans les états des offices de l'Hôtel-des-Ducs, la Louveterie, tient une si petite place, tandis que la vénerie et la fauconnerie y figurent sur un pied vraiment princier. Les officiers de la vénerie étaient commensaux de l'Hôtel, et comme tels, avaient bouche en cour ; leur charge ne consistait guère qu'à contribuer aux amusements du prince, et si parmi eux on trouve des louvetiers et des valets de chiens destinés à la chasse du loup, c'est que le ducs de Bourgogne se donnèrent volontiers le plaisir de chasser ces animaux. Mais il y a loin de ces officiers de vénerie aux louvetiers sédentaires, qui vivaient disséminés dans les possessions ducales, faisaient de la chasse un métier humanitaire, sous l'œil des baillis et des châtelains.

Il n'est pas douteux pour nous que des officiers de cet ordre ont existé en province dès avant le XIIIe siècle[4].

---

1. V. preuves. 23, 25, 42.
2. V. preuves, de 13 à 44.
3. *Coutume de Bourgogne*, titre XIII, art. VII.
4. V. preuves. n° 6, 13, 18

Les gouvernements des grands fiefs durent imiter en cela l'exemple du gouvernement Royal, qui entretenait dans les terres fiscales des Louvetiers, successeurs des *Luparii* carlovingiens, ainsi qu'en font foi les comptes royaux du XIIIe siècle. Mais il ne nous reste point à cet égard de documents certains en ce qui touche la Bourgogne.

Nous savons seulement que dans ce temps, la destruction des loups était encouragée par des récompenses données au nom des ducs [1].

Dès la fin du XIIIe siècle, on trouve l'indice de chasseurs chargés de cette besogne dans les lieux désignés. Ainsi à Brazey, près Saint-Jean-de-Losne, il existait en 1299, un personnage connu sous le nom de « celui qui prend les loups à Brazey ».

Cette année-là, il reçut 20 sols pour deux bêtes tuées, mais seulement à titre d'aumône, et « pour Dieu [1] ! »

Il faut convenir qu'il y a loin de ces tueurs de loups, simples paysans, peut-être, et chasseurs d'occasion alléchés par la prime promise, à un service organisé tel que nous le trouverons bientôt sous les Valois. Mais, si mince soit-il, ce renseignement peut donner une idée de la sollicitude du gouvernement de nos ducs de la première race.

Ce preneur de loups de Brazey ne recevait, il est vrai, qu'une rémunération facultative, mais ne peut-on pas reconnaître dans le fait même d'une récompense, les premiers rudiments d'une organisation de bien public, qui amena la création de la Louveterie Bourguignonne? On trouve en effet, un demi-siècle plus tard, la preuve de l'existence de pièges à loups, dressés dans quelques paroisses, sous la surveillance des Gruyers et des Forestiers. Ainsi il existait à Corberon, en 1355, un engin désigné sous le nom de *Louvière de Corberon* [2]. On y prit, cette année, quatre loups et trois louves, payés 19 et 12 sous la pièce, par Geoffroy de Blaizy, Gruyer de Bourgogne.

En 1387-90, un habitant de Villars-le-Duc reçut 6 fr. 2 gros et demi pour six louves et sept loups pris en un an dans la *Louvière de Villars-le-Duc*.

Il est à croire que la plupart des villages forestiers étaient pourvus de semblables engins, ce que prouveraient au besoin les comptes des châtellenies ducales.

On en trouve encore la preuve vivante dans les noms de nombreuses localités qui supposent la présence habituelle des loups et d'engins fixes ou pour les prendre [4]. Je citerai surtout le village de la Loyère, nommé *Luparia* dans

1. V. preuves, 12, 20, 22, etc.
2. V. preuves, 36, 54.
3. V. preuves, 30, 53 à 65.
4. V. preuves, 30, 53, 54, 55, 56, 59.

les chartes du XIIIe siècle, et celui de *Luponas*, dans le département de l'Ain, nommé en 812 *Lupiniacrum*[1]. Le village de Donzy-le-Pertuis en Mâconnais, *pertusum lupale*, en 1108, littéralement le trou aux loups, ne doit son nom qu'à une louvière. A vrai dire, on rencontre pourtant de ces lieuxdits dont la forme primitive et unique se retrouve facilement dans de nombreuses variantes : la Louère, la Lovère, la Louvière, la Loupière, le Louet, Louve, Louverie, Louvecienne, Louvres, Louviers, Louverot, Louvarel, Louvelange, Lupé, etc., puis les creux, trous, fosses et routes aux loups, etc.

Dans le département du Jura, ces lieux sont si nombreux qu'on a pu les classer géographiquement en deux séries correspondant à deux portions de territoire arbitrairement nommées « pays de Louvières et pays de Louvetières ».

Quelques-uns ont eu une magnifique destinée ; ainsi Louviers, *Lupariæ*, est devenu grande ville, et le Louvre, *Lupara*, avant de devenir la demeure splendide des rois, fut longtemps fréquenté par les loups dévorants.

Ces louvières, restes à peine perfectionnés des fosses préhistoriques et des arbalètes burgondes, étaient des pièges bien imparfaits et surtout bien insuffisants.

On dut s'en apercevoir vers la fin du XIVe siècle, lorsqu'à la suite des terribles désordres occasionnés par l'invasion des Grandes-Compagnies, connues sous le noms de Tards-Venus, les loups envahirent à leur tour la province et y firent d'affreux dégâts[2]. Les comptes de ce temps font mention des préparatifs et des frais que l'on fit pour purger la Bourgogne de ces hôtes dangereux.

La nécessité, bonne conseillère, suggéra bien vite l'idée d'organiser légalement la Chasse à *cor et à cri*, et à force de chiens, en créant toute une hiérarchie de chasseurs à titre d'office. On ne s'étonnera donc pas si les principaux documents dont nous allons nous servir datent de cette époque, qui fut celle du renouvellement de la chasse légale en Bourgogne.

Les commencements de la Louveterie Bourguignonne proprement dite, sont donc peu connus et son histoire est obscure[3]. Il faut arriver au temps du duc Philippe le Hardy pour trouver quelques renseignements positifs. A cette époque seulement, l'office de Louvetier paraît d'une manière certaine. Le premier titulaire signalé, Hoguenot Plumeron, qualifié de *Louvier de Bourgogne*, chassait avant 1380. Après lui, on trouve Jean Sauvegrain, dit le Morvandel, qui prenait le nom de premier ou grand Louvetier.

1. V. preuves, v. lieuxdits, n° 68.
2. V. preuves, 69, 70, 71, 72.
3. V. preuves, 13, 14. 14*a*, 15.

On sait peu de chose touchant la nature et les fonctions de ces deux officiers, après lesquels la charge ne tarda pas à être supprimée. Toutefois, leur titre fait supposer qu'ils exerçaient une autorité supérieure sur des subordonnés, et que de leur temps déjà la Bourgogne était divisée en plusieurs circonscriptions dans chacune desquelles un officier de chasse veillait à la destruction des animaux nuisibles. Aussi allons-nous trouver, à une époque peu éloignée, plusieurs personnages qualifiés, soit de *commis à la chasse du loup*, soit de *chasseur de loups pour mgr le Duc*, et placés dans des territoires déterminés.

Les bailliages, les châtellenies et même les grandes forêts offraient des subdivisions territoriales parfaitement disposées, dans lesquelles, dès la fin du XIVe siècle, on trouve les Louvetiers installés à titre d'office. Les plus anciens que nous connaissions, Anceau de la Caille, valet de chiens du comte de Nevers[1], reçut pouvoir, en 1392, de donner chasse aux loups dans le bailliage de Dijon. Six ans plus tard, Gilles de la Buffe, Maître-Veneur du Duc, reçut un semblable pouvoir pour les bailliages de Dijon et de Chalon. En 1398, Pierre de Brie, Maître-Forestier d'Argilly, lui succéda pour deux ans. Villemot le Montot, dit Chancepoul, maire de Vernoul, vint après ce dernier et fut commis en 1401 à prendre loups et louves dans les mêmes bailliages. Après Villemot, on trouve, vers 1402, Coppin le Noppe, Forestier de Salmaise, ayant pouvoir de prendre loups dans les bailliages de Dijon, d'Auxois et de la montagne. Je trouve encore, en 1399, Collin de Vitry, Louvetier et Forestier du Duc dans la Prévôté d'Amont en Rhételois, et en 1425, Drollin de Nailly, Louvier du Duc, dans le bailliage d'Autun.

On voit, par cette liste qu'il serait facile d'amplifier, que les cantonnements de chasse, empruntés d'ordinaire aux limites des bailliages, les dépassaient quelquefois. Les pouvoirs pouvaient même être illimités, car il ne paraît pas y avoir en cela une règle absolue. Ainsi, le même Le Buffe, lors du renouvellement de ses lettres, en 1400, obtint des droits de chasser le loup par tout le pays, « de telle manière qu'il pourra le mieux ».

Outre les limites territoriales, il y avait aussi des limites de temps régulièrement déterminées : les lettres de La Caille, Le Buffe et Pierre de Brie, la fixant à deux ans, passé lesquels elles devaient être renouvelées[2].

C'était la règle ordinaire, mais là aussi, rien d'absolu. Le Duc étendait quelquefois ces limites et allait jusqu'à donner des pouvoirs généraux. On

---

1. V. preuves, de 16 à 41.   2. V. preuves, 19, 25.

comprend que la fixation du temps devait être basée sur les besoins qui variaient sans cesse, selon la plus ou moins grande quantité de bêtes sauvages qu'il s'agissait d'exterminer.

Les bailliages étaient même parfois dépourvus de louvetiers.

Cette indécision dans la fixation du temps et du territoire peut servir à expliquer pourquoi l'office de grand Louvetier fut supprimé comme à peu près inutile.

Cette charge entrainait celui qui l'acceptait dans de grandes dépenses dont il était seul responsable. Outre les chiens, les chevaux, les engins, les valets de vénerie et les aides de chasse, qu'il devait entretenir « à ses frais et missions », il avait de nombreux voyages à entreprendre dans les territoires qui lui étaient attribués ; sans compter l'achat du bétail abattu pour faire la « trainée du loup », et certaines indemnités exigées par les propriétaires ruraux[1].

Il était tenu de se rendre avec son équipage dans chaque lieu où les loups étaient signalés, et d'y organiser des chasses avec l'aide des habitants de la contrée. Cela exigeait de grands frais sans compensation permise, car toute autre chasse que celle du loup était interdite au louvetier. Pour y faire face, on avait attaché à la charge quelques bons profits : mais le duc, en même temps qu'il fixait le montant des émoluments auxquels le chasseur pouvait prétendre, avait bien soin, dans ses lettres de commission, de stipuler que rien ne devait être levé sur le pauvre peuple, qui était ainsi garanti contre toute *exaction, prinses de bestes et autres*, et assuré d'être indemnisé de tous dégâts[2].

Il ne parait pas que ces profits aient jamais été fixés et payés chaque année à titre de salaires ou de gages. Dans l'origine, le grand louvetier recevait seulement dix gros et demi par jour lorsqu'il chassait au loup, et ses *varlets de levriers* deux gros. Ce mode de rémunération n'était pas toujours exécutable et offrait des difficultés assez grandes quand il fallait apprécier le personnel de vénerie et établir le nombre des jours employés à la chasse. Les certifications exigées ne paraissant pas toujours suffisantes, on en venait parfois aux enquêtes par témoins.

On comprend que les précautions les plus minutieuses ne pouvaient fermer la porte à toutes les supercheries. Aussi on ne tarda pas à changer de système, et au lieu de récompenser le louvetier par jours on le récompensa par têtes de bêtes tuées. Les lettres de commission fixent cette gratification à 2 liv. par tête de loup, 2 liv. 4 sous par louve et 5 sous par louveteau. Ainsi,

---

1. V. preuves, 37, 65. 2. V. preuves, 10, 14, 27, 51.

dès la fin du XIV⁰ siècle, les revenus de l'office étaient variables, et dépendaient de l'activité et de l'adresse du chasseur.

Les sommes dues aux louvetiers devaient être payées par les receveurs, les prévôtés et châtellenies *ez mestes et limites* desquelles les bêtes avaient été tuées, ou par le receveur du bailliage. Avant d'ouvrir son coffre, le comptable chargé du payement était tenu de prendre de bonnes précautions afin d'échapper à toute tromperie. Il fallait que le *commis à prendre loups* présentât des certificats rédigés en bonne forme par le notaire du lieu, sur l'attestation de plusieurs témoins, affirmant par serment, que le dit commis avait bien réellement pris et tué, tel et tel jour, « à force de chiens et d'engins à ses propres despens et missions iceulx loups desquels ils ont veu tranchier le pied dextre ».

A défaut de notaire, le curé de céans, personnage plus grave et réputé plus véridique, était appelé pour certifier par écrit la vérité du fait. Pour plus de sûreté, on exigeait comme preuve matérielle, la présentation du pied droit de l'animal : en d'autres pays c'étaient les têtes ou hures qu'on apportait.

On exigea plus quand il s'agissait d'une femelle, et pour faire la preuve du sexe, on doit livrer, avec le pied dextre, *la nature d'icelle*. Ces prescriptions sont formulées avec soin dans les lettres d'institution, et vraiment, en voyant cet étalage de précautions méticuleuses, on se demande si du temps de Charles V et de Philippe le Hardi, on ne se méfiait pas déjà de la parole du chasseur.

Dans les pays directement soumis à la puissance royale, la chasse utile fut toujours l'objet de la sollicitude des souverains ; mais les usages y différaient en quelques points des coutumes bourguignonnes.

Dès le commencement du XIII⁰ siècle, on la trouve encouragée, et la rémunération admise, tout au moins dans les domaines royaux, soit au profit de véritables officiers, soit en faveur de chasseurs bénévoles.

Les comptes qui nous sont restés renferment un grand nombre d'articles *pro lupis et lupellis captis*, qui fixent la récompense à 20 sous le loup et 5 sous le louveteau. Il paraît qu'on encourageait surtout la destruction des portées, car un compte de 1231, à côté d'un loup tué, fait figurer 130 louveteaux.

Pour établir le droit des réclamants, ce n'était plus seulement les peaux qui devaient être présentées, comme aux temps carlovingiens, mais les animaux entiers et même vivants : Ce n'est que plus tard qu'on se contenta du pied droit. La preuve testimoniale était aussi de rigueur[1].

1. V. preuves, 19, 23, 24 à 34.

La plupart des chasseurs primés ne prennent aucune qualification officielle. Il existait cependant déjà des louvetiers sur les terres royales, car le compte de 1231 mentionne celui de Chaumont, *Luparius Calvimontensis*, et un autre compte de 1212 contient un recensement des gages des louvetiers, *radia lupariorum*.

Il serait difficile de préciser les attributions de ces chasseurs ambulants, mais ils étaient certainement institués à titre d'office, car ils avaient droit aux distributions de robes, comme les autres officiers royaux. Ducange cite un titre de 1331, dans lequel un louvetier, Nicolas Choiseul, est nommé *Chaceleu nostre Sire*. Il cite aussi une lettre de rémission de 1394, où Jean le Serain est qualifié d'écuyer et louvetier du Roy.

Le compte général des prévôts et baillis de France, de 1248, mentionne dans presque tous les bailliages, des dépenses pour la chasse aux loups.

Le compte de Mâcon n'a aucun article à ce sujet; mais il ne faut pas oublier qu'à cette date, la création du bailliage de Mâcon était très récente, la louveterie officielle n'y était peut-être pas organisée, ce qui ferait preuve qu'elle n'existait pas dans ce pays avant 1238, époque de l'acquisition du comté par Saint-Louis. Il ne faudrait pas toutefois généraliser cette remarque, car il n'est pas impossible qu'il n'y eût eu aucune indemnité à donner cette année-là, pour la destruction des animaux nuisibles.

On voit par ces détails que la louveterie royale n'était pas sans analogie avec la louveterie bourguignonne. Une différence essentielle, c'est que, contrairement aux usages bourguignons, les frais des chasses officielles n'étaient pas toujours à la charge de l'État. Pour y subvenir on ordonnait, à l'occasion, des tailles spéciales, levées par feux sur les habitants.

Au commencement du XIVe siècle, cette coutume existait déjà, car on connaît des exemptions de ces tailles, des années 1364 et 1377.

Au XVIe siècle, le louvetier royal était encore indemnisé au moyen de taxes frappées sur les habitants, à deux lieues à la ronde, à raison de deux deniers par loup et quatre par louve, pour chaque feu.

En dehors de ces différences, les règles qui régissaient la matière en France et en Bourgogne, étaient à peu près identiques et inspirées par le même sentiment du bien public. Il est probable que le duc Philippe le Hardi ne fut pas étranger à la réglementation de cette institution tutélaire. En 1393, le roi Charles V, son frère, rendit une ordonnance qui révoquait tous les officiers de vénerie, et déclarait que dorénavant les commissions devraient être

---

1. V. D. Bouquet. t. XXI.

contresignées par le duc de Bourgogne. Ce prince se trouva donc momentanément investi d'une sorte de surintendance des chasses, pouvoir supérieur qui devait lui rendre la réorganisation plus facile. Aussi est-ce de cette époque que paraît dater une plus grande uniformité de règlements dans tout le royaume.

Les officiers de louveterie n'ayant été institués que dans un but d'humanité, on avait évité avec soin d'en faire un privilège ; le louvetier n'était que le chasseur en titre, et à côté de lui, chaque citoyen conservait le droit largement réglementé de se protéger lui-même contre des voisins dangereux.

Bien plus, on encourageait la chasse privée. On trouve ce droit de légitime défense nettement formulé dans les actes de l'autorité souveraine. Citons-en un exemple qui nous montrera, en même temps, quels abus avaient pu se glisser dans l'exercice de la louveterie officielle, tout au moins dans les domaines du roi. On lit dans une ordonnance rendue en 1413, pendant la régence du Dauphin : « Pour ce que plusieurs louvetiers et loutriers se sont
» efforcez et efforcent plusieurs fois d'empescher les bonnes gens de prendre
» et tuer les loups petits et grans, et de emplyer les termes de leurs commis-
» sions, et exigent sur le pauvre peuple, par fraude et mauvais malice,
» grans sommes de deniers, pour cause desdits loups et loutres... il nous
» plaist... que toutes personnes de quelque estat qu'elles soyent puissent
» prendre, tuer et chasser sans fraude tous loups et loutres grans et petits...
» Ordonnons que la somme accoustumée estre payée à ceux qui prennent
» loups grans et petis leur soit payée par nos trésoriers... » Etc.

Puis l'ordonnance soumet les *meffaits* des louvetiers aux juges ordinaires.

Le législateur qui protégeait si à propos le petit chasseur contre le grand, avait bien su discerner le danger de cette liberté illimitée de chasser les bêtes rouges : Il y avait là, en effet, une porte toujours ouverte au braconnage clandestin. En 1399, Charles V rendit une ordonnance dans le but, non seulement de protéger le gibier et sauvegarder le privilège des nobles, mais encore de poursuivre et de punir les roturiers et gens de petit état qui, faisant de la chasse un métier défendu, délaissaient le labourage des champs : « Mes-
» mement, dit le roi, que lesdits non nobles, en persévérant en ce, sont
» souvent emprisonnez, et pour ce trais à grans amendes, et, par les
» oiseuves qui sièvent en ce faisant, deviennent larrons, murtriers, espions
» de chemins et moinnent mauvaise vie, dont, pour ce, est advenu et advient
» souvent que ils hont finé et finnent leurs vies par mort dure et honteuse ;
» qui est en grant confusion de nostre peuple. » Etc.

Ce portrait du braconnier est vraiment tracé de main de maître, et encore aujourd'hui, après cinq cents ans, on reconnaît l'original. Toutefois, en édictant des peines sévères contre les chasseurs de contrebande, le roi excepte formellement le laboureur obligé d'avoir des chiens pour la garde de ses récoltes.

La louveterie de notre époque n'est souvent qu'une affaire de forme et d'apparat, ou si l'on veut, un privilège de chasser la grande bête, donné à quelques chasseurs, sous prétexte de détruire les loups qui, dans bien des lieux, n'existent plus, et qu'ils se gardent bien de faire disparaître entièrement, dit-on, dans l'intérêt de leurs plaisirs futurs.

Ces animaux, protégés par les immenses forêts dont notre sol était encore couvert, et plus encore peut-être par l'abus des garennes féodales, avaient tellement pullulé, qu'ils étaient devenus la terreur des campagnes.

La louveterie était le plus rude des métiers. Aussi les titulaires étaient toujours des hommes rompus à ces exercices, et choisis le plus souvent parmi les veneurs de l'hôtel ducal. Les forestiers et autres employés de la gruerie, habitués par métier à la vie des bois, figurent aussi naturellement parmi eux.

Le peu que nous connaissons des exploits de chasse de Villemot le Montot, dit Chaucèpoul[1], nous donne une favorable idée de la manière dont il s'acquittait des devoirs de sa charge; et, malgré le petit nombre de documents que nous avons sous les yeux, nous pouvons affirmer qu'il était un vigoureux et infatigable veneur et parfaitement digne de la confiance du duc.

Le 18 janvier 1405|6, il reçoit du receveur du bailliage de Dijon dix fr. pour 5 loups pris dans les bois de la Brosse et de Curtilz *ez mettes dudit bailliage*. A la fin du même mois il prend deux loups dans les bois de Montenaille, près Vernoul, dans la châtellenie de Saulx-le-Duc. En mars suivant, il chasse deux fois dans les bois de Charmoz et y tue trois loups. Le 8 décembre 1406, il tue deux loups dans la forêt d'Arceau, même châtellenie; enfin, le 28 février 1406|7, il reçoit de Richard Bonne, châtelain de Saulx, vingt-deux francs pour sept loups et quatre louves dont il présenta les pieds. En somme, c'est en un an, vingt-trois loups détruits par Villemot dans le bailliage de Dijon, dont dix-huit dans la châtellenie de Saulx-le-Duc.

Le chiffre est remarquable, il faut en convenir, et cependant il est manifestement inexact, car le relevé des bêtes payées par le receveur de la châtellenie de Saulx paraît seul complet : or, c'était un bien petit territoire. A quel

1. V. preuves, 16, 31 à 36.

total arriverions-nous donc, si nous avions pour les autres châtellenies des renseignements analogues à ceux-ci? Ce n'est pas exagérer, sans doute, que d'évaluer à une centaine les loups détruits dans le bailliage de Dijon pendant l'année 1406.

Or, comme le brevet de Villemot comprenait les bailliages de Dijon, d'Auxois et de la Montagne, tous très boisés, il faut, pour approcher de la réalité, tripler le chiffre et porter à trois cents le nombre des loups tués cette année par Villemot. Nous pensons même aller plus loin que cette conjecture, car à supposer que nous puissions réunir les éléments complets d'une pareille statistique, nous n'aurions en effet que le résultat de la chasse officielle, auquel il conviendrait d'ajouter celui de la chasse privée, ainsi que le produit des louvières.

Ces détails donnent à penser que la Bourgogne était alors en proie à un fléau, fréquent autrefois, et que nous ne connaissons plus, l'invasion des loups[1]; visite dangereuse, accompagnement ordinaire des hivers rigoureux et des époques de guerre ou de mortalité exceptionnelle que nos vieux chroniqueurs signalent quelquefois.

Plus sûrs et plus précis que des chroniques, nos documents donnent une idée saisissante de ce qu'avait à souffrir la Bourgogne quand les bêtes s'y montraient. Les lettres d'institution de 1392, 1398 et 1400, sont de dates assez rapprochées pour qu'on puisse les attribuer à une même cause. Or, cette cause, la voici :

Précisément à cette époque sévit une peste terrible qui a laissé des traces vivantes dans l'histoire[2]. Juvénal des Ursins assure qu'en 1399, il y eut « grande, horrible et piteuse mortalité en Bourgogne, Champagne, Brie, » Paris et Normandie, et pour abréger par tout le royaume de France. Or, » ajoute-t-il, est comme chose incroyable que la quantité de peuple qui » mourut ».

En cette extrémité on ne savait plus que faire, « sinon prières et processions solennelles », on portait les saintes reliques, car on voyait bien que cela arrivait « à cause des horribles et détestables péchez qui se commettent publiquement ».

La terreur du peuple, déjà si grande, fut encore augmentée par l'apparition d'une comète, « ce qui parut fort estrange, car elle demourat huits jours » entiers enflambée ».

A la vérité, Juvénal ne fait aucune mention des loups, qui cependant

1. V. preuves, 69 à 73.   2. Ibid.

apparaissaient d'ordinaire en temps de peste, mais nos lettres d'institution, qui sont de la même date, suppléent parfaitement à son silence. Le duc de Bourgogne y déclare, qu'informé de la grande quantité de loups qui font des dégâts horribles et dévorent même les personnes, il donne pouvoir exprès de les détruire, etc. Les deux fléaux de la peste et des bêtes fauves sévissaient donc ensemble, et quand Juvénal nous représente la mortalité envahissant tour à tour les provinces, il nous semble voir les bandes carnassières émigrer avec elle, en lui faisant un lugubre cortège.

Quand la peste cessa, les loups manquant de l'horrible nourriture à l'aide de laquelle ils avaient pullulé, s'attaquèrent aux vivants et nécessitèrent les mesures de bien public dont nous avons signalé les traces.

Ces quelques mots suffiront, je pense, pour donner la raison de ces nominations fréquentes de louvetiers temporaires, ainsi que de leurs chasses abondantes, tout en faisant comprendre la fréquence et la grandeur des dangers que la prévoyance des souverains cherchait à conjurer.

Revenons une dernière fois à Villemot-le-Montot[1] et cherchons s'il ne serait pas possible de déterminer à quelle somme pouvaient monter les profits d'une année.

D'après les évaluations de M. Leber, le pouvoir de l'argent, vers 1406, aurait été dans la proportion de 1 à 44. En acceptant cette donnée, dont il ne nous convient pas de contrôler la valeur, malgré l'exagération que d'autres lui reprochent, on voit que la prime de deux francs par tête, vaudrait en monnaie actuelle 88 fr. soit 8,800 fr. pour les cent loups tués dans un seul bailliage, et 26,400 fr. pour ceux tués dans les trois bailliages où notre chasseur avait mission d'opérer[2]. C'est un beau denier, sans contredit, et si le louvetier du moyen âge était exposé à de rudes et coûteux labeurs, au moins faut-il convenir que ses profits étaient à la hauteur de ses peines et dépens. On peut donc dire avec quelque certitude qu'un louvetier de bailliage en Bourgogne, pouvait gagner environ 8,000 fr. par an, au commencement du XVᵉ siècle. Mais il ne faut pas oublier que toutes les dépenses restaient à sa charge, ce qui diminuait beaucoup les profits.

La chasse du loup n'était pas la seule qui fût réglementée par l'autorité souveraine ; d'autres animaux nuisibles étaient aussi pourchassés. Nos archives et surtout les comptes des châtelains ruraux, renferment beaucoup de mentions, de récompenses accordées aux destructeurs de renards, ours, blaireaux

---

1. V. preuves, 31 et suiv.

2. D'après le livre de M. Leber, la valeur des métaux et surtout de l'argent a tellement baissé, que le rapport qu'il établit, au lieu d'être 1 44, est peut-être 1 100 aujourd'hui.

ou taissons. sangliers ou porcs, et à des oiseaux réputés malfaisants comme
les aigles et les aufroignes ou orfraies. On prenait ces derniers à l'aide de
pièges placés au sommet de perches fixes, qui dans quelques seigneuries,
étaient la propriété du seigneur et s'amodiaient à prix d'argent [1].

Il est à remarquer que, sauf deux ou trois articles, et quelques lieux-dits,
il n'est aucunement fait mention du renard, parmi les bêtes nuisibles. De
notre temps, le renard s'est propagé dans une proportion énorme, qui semble
coïncider avec la diminution des loups. Serait-ce que ces deux espèces de car-
nassiers ne peuvent vivre ensemble dans le même pays ?

Je ne puis entrer dans de plus longs détails, mais je dois encore signaler
un animal devenu rare, qui au moyen âge dévastait et dépeuplait les étangs
et les rivières : la loutre, appelée aussi leurre, nom qu'elle a conservé en
quelques lieux où l'espèce n'a pas entièrement disparu. La chasse de la loutre
était organisée comme celle du loup. On trouve aux XIVe et XVe siècles des
loutriers et des leurriers institués par les ducs, à titre d'office, dont la charge
et le salaire avaient de grandes analogies avec ceux des louvetiers. Même
service temporaire, mêmes constatations, le pied dextre livré en échange de la
récompense, laquelle était en 1505, de 16 sols par tête, de 18 gros en 1440,
de 5 sols en 1460 et de 20 en 1468. Les habitudes sédentaires de la loutre
rendaient inutiles les chasses générales, aussi les commissions des leurriers
étaient-elles limitées aux étangs du domaine public, et aux rivières qui en
dépendaient.

Nous avons déjà vu en 1443, les louvetiers et les loutriers confondus
dans une même ordonnance royale. Simonot le Baillenet était leurrier du duc
Jean ; en 1421, le duc Philippe, à son avènement, renouvela ses lettres « aux
droits, profits et émoluments ordinaires ». Thomas Brisjon fut institué en
1468, attendu « son industrie et habileté au fait de la chasse aux leurres ».
Les comptes fourniraient au besoin les noms d'un grand nombre de loutriers [2].

Parmi les animaux dont la destruction était encouragée, on ne trouve pas
les reptiles dangereux. Ce n'est pas qu'on négligeât de faire la chasse aux
vipères, mais le seul profit était la vente du produit aux apothicaires, qui
l'employaient à de nombreuses préparations et aux marchands de thériaque
ambulants, qui fournissaient aux marchands de Venise les vipères nécessaires
à la confection de ce célèbre médicament.

On se servit aussi contre les reptiles d'auxiliaires naturels très actifs.

1. V. preuves, 59.   2. V. preuves, 32, 55 à 60.

Les grands échassiers, les cigognes et surtout les hérons étaient dans ce but entourés d'une protection spéciale. Les cigognes sont encore aujourd'hui dans certains pays, l'objet de soins populaires et traditionnels : on pense avec raison que, du succès de leurs nichées, dépend la diminution des reptiles venimeux. Mais les soins qu'on leur donne sont isolés, et partant médiocrement utiles, tandis que les hérons jouissaient autrefois de privilèges protecteurs bien autrement efficaces.

On sait que ces oiseaux viennent à chaque printemps dans les zones tempérées pour y nicher et élever leur famille, jusqu'aux approches de l'hiver, où ils reprennent leur vie d'émigrants. Or, on avait dû tirer parti de l'affection que ces oiseaux témoignent à leurs petits, et aussi de la tendance qu'ils ont à se réunir en société, pour les attirer dans des lieux clos et appropriés à leurs mœurs républicaines, où, tout en les abandonnant à eux-mêmes, on les entourait d'une protection intéressée. Les petits cantons de bois réservés à cet usage se nommaient héronnières, nom qui est resté à quelques-uns de nos lieux-dits forestiers. Chaque année, la république ailée revenait à la façon des hirondelles, sûre de retrouver intacts les nids de l'année précédente. Les vols n'étaient point considérables; les hérons ne voyagent pas en grandes troupes, mais ils étaient si constants dans le choix de leurs stations, que telle héronnière abritait, bon an, mal an, au-delà de mille à douze cents oiseaux. Il en existe encore du reste aujourd'hui, et on peut s'assurer que ce chiffre n'a rien d'exagéré.

On comprend qu'un tel système d'élevage naturel employé avec intelligence, devait fournir, pour la destruction des reptiles venimeux, des auxiliaires actifs et dévoués. Peut-être quelques-uns de nos villages, qui ont tant à redouter du voisinage des vipères, se trouveraient bien de revenir à cet antique usage féodal.

Nous disons *féodal*, car il faut bien en convenir, l'établissement des héronnières, à côté de leur but utile, en avait un autre qui l'était beaucoup moins. On sait, en effet, que la chasse du héron était la plus aristocratique qu'on connût alors, parce que ce bel oiseau, réputé noble par excellence, savait mieux que tout autre se défendre contre le faucon et lui tenir tête. Les seigneurs pour alimenter leurs plaisirs, aimaient à élever des hérons en créant des héronnières. Ainsi, ce qu'étaient les *garennes* pour la chasse des forêts, les héronnières l'étaient pour le vol. Mais là, du moins, le plaisir des grands venait en aide à la sécurité des petits.

On ne classait point parmi les animaux nuisibles, d'autres bêtes très

incommodes aussi, les sangliers et les lapins par exemple : ou les considérait comme gibier seulement. La chasse du lapin était de droit féodal, et seul, le seigneur pouvait peupler de *connins* les garennes créées dans le territoire de son fief.

Quant aux sangliers, les *pourceaux*, comme on disait, lorsque leur voisinage devenait intolérable, le duc envoyait ses veneurs en titre munis des engins et équipages nécessaires, avec mission de chasser pendant la saison, et de purger le pays infesté de ce qu'on appelait les *bestes noires*. Mais comme le produit de ces expéditions cynégétiques ne pouvait être immédiatement utilisé, le veneur était tenu de saler le gibier abattu, qu'on destinait au service de l'hôtel ducal : les grènetiers de la province recevaient alors l'ordre de fournir gratuitement tout le sel nécessaire pour accommoder les venaisons. On voit que ces chasses n'étaient pas toujours désintéressées, à côté de leur but utilitaire, l'administration ducale avait bien su discerner un but économique qui n'était pas à dédaigner.

En 1400 et 1402, Gilles de la Buffe, maître veneur du duc, le même que nous avons déjà mentionné comme louvetier, reçut l'ordre de chasser ainsi les bêtes noires au profit des dépenses de l'hôtel : Jean de Foissy, maître veneur, reçut en 1495, l'ordre de déposer les salaisons au château d'Argilly, pour la traitée provision du duc[1].

Il aurait été intéressant peut-être d'examiner quels étaient les engins mentionnés dans nos documents, ne fût-ce que pour avoir une idée de la dépense que ces chasses occasionnaient. Mais ces questions ont été souvent ailleurs et cet examen nous entraînerait trop loin.

Contentons-nous de conclure que, dès la fin du XIV° siècle, il y avait, en France et surtout en Bourgogne, des officiers chargés de la destruction de certains animaux nuisibles, dont la création était due à l'humanité prévoyante des rois et de nos anciens ducs. La louveterie était donc installée, et quoique nous sachions peu de chose de son histoire, nous sommes assurés que cette institution dura autant que la domination des ducs, et lui survécut. Elle fut l'origine et le modèle de la louveterie moderne, objet constant de la sollicitude des souverains.

Il n'entre pas dans mon dessein de suivre son histoire jusqu'à nos jours. Disons seulement que, dès le XVI° siècle, elle tendit à sortir des véritables bornes où le bien public exigeait qu'elle restât. Jusqu'au règne de François I°, les commissions de louvetiers étaient temporaires. En 1520, ce prince

1. *Preuves*, n° 21, 24, 31, 51.

les changea en offices permanents : d'officiers humanitaires qu'ils avaient
surtout été, les louvetiers devinrent des chasseurs privilégiés, et le plaisir
bien plus que le devoir les guida désormais dans l'exercice de leur charge.
Les offices devinrent l'apanage de puissantes familles ; dans certains pays, on
en créa d'héréditaires, et on en vint même à les rendre transmissibles aux
femmes par droit de succession. On connaît des véneresses ou louvetières
héritables[1].

À ces transformations la sécurité publique ne pouvait rien gagner. Aussi,
depuis ce temps, dans les nombreux arrêts ou ordonnances concernant la
chasse, on rencontre souvent des blâmes sévères contre les louvetiers. En
Bourgogne surtout, les abus étaient devenus si criants que, sur la demande
des États, le roi Charles IX, par lettres du 6 juin 1566, révoqua et annula les
provisions de louvetiers et chasseurs de loups dans la province : « à cause des
» grandes exactions et abus qui se commettent... sous couleur de lettres...
» et pour obvier auxdits abus et pilleries, etc.... » Les choses en restèrent
là pendant quelques années ; les États et le Parlement de Bourgogne étaient
trop absorbés par les événements de la guerre civile qui désolait alors le
royaume, pour veiller comme ils l'auraient dû, à la louveterie.

Grâce à ces désordres, les loups pullulaient tellement que l'imagination
des peuples en fut vivement frappée ; la vieille croyance aux lycanthropes et
aux loups-garous[2], reste de l'antique fable des Lycaonides, reprit une faveur inac-
coutumée. De cette époque date un bon nombre d'ouvrages traitant de la démo-
nologie, dans lesquels est sérieusement discutée la métamorphose de l'homme
en bête. Des hommes d'une haute intelligence ne craignirent pas de soutenir
publiquement cette opinion. Pour le peuple ignorant, les loups affamés
n'étaient que des sorciers déguisés afin de commettre des crimes plus à l'aise.
J'ai retrouvé de ces terribles aberrations populaires un souvenir contem-
porain, qui se lie à l'histoire de la Bourgogne : j'en emprunte le récit inédit
à un témoin oculaire qui, ne croyant pas aux loups-garous, se contente de
raconter simplement les malheurs qu'il a eus sous les yeux.

Ravages des Loups qui dévoraient les humains en l'année 1590

« Les Reitres ou Allemans qu'on avait tués et laissés sur les chemins
» avaient tellement acharnés les loups sur les corps humains qu'on avait
» toutes les peines du monde à s'en garantir. Ils dévoraient grand nombre

1. V. preuves, 39.   2. V. preuves, 60, 73, 74, 75, 77, 78.

» d'hommes, de femmes et d'enfants, et il fallait à la campagne, que les
» maitres des maisons allassent eux-mêmes bien armés pour garder leur
» bétail.

    » Quelques-uns ont pensé que ces loups étaient des sorciers qui se trans-
» formaient en loups pour dévorer les enfants et se nourrir de chair humaine :
» pour moi, je dis avec Pline : *homines in lupos certi, sursumque restitui sibi,*
» *falsum est.*

    » On raconte cependant que ce fut environ ce même temps qu'un pauvre
» homme du Charollais, ayant été surpris auprès d'une fontaine avec le corps
» d'un enfant mort, fut mené aux officiers de la justice de Charolles, convaincu
» d'avoir usé de sortilège, de s'être transformé fort souvent en loup pour
» n'être pas reconnu en tuant et dévorant les enfants, et enfin condamné à
» être brûlé.

    » On raconte aussi qu'environ la même année, une jeune femme de
» qualité fut condamnée à être brûlée à Riom, en Auvergne, après avoir été
» convaincue de s'être métamorphosée en louve : *si credere fas est !* »

Ce récit est saisissant dans sa forme placide. Le narrateur ne croit pas ce
qu'il raconte, mais, à voir sa tranquillité magistrale, on comprend qu'il n'y a
rien là qui l'étonne, et qu'il a fallu toute l'autorité de Pline pour assurer sa
conviction.

La destruction des loups en France, quoique incomplète, est arrivée
aujourd'hui à un tel point que les loups-garous sont à peu près oubliés. Néan-
moins, il ne faudrait pas croire que, dans certains pays très retirés, un événe-
ment extraordinaire ne ramènerait pas dans la population illettrée cette terreur
irraisonnée. On croit bien encore généralement aux *jeteurs de sorts*.

La terreur causée par la bête féroce pouvait affoler non seulement les
populations où elle se trouvait, mais se répandre au loin. Je ne peux mieux
faire, en terminant cette notice, de reproduire l'histoire d'un loup célèbre au
XVIIIe siècle, qui fut connu sous le nom de *Bête du Gévaudan*, et dont le roi fut
obligé de s'occuper. On la trouvera aux preuves[1].

PREUVES

HISTOIRE. LÉGISLATION

1. — V. dans la loi Gombette, l'art. XLVI concernant ceux qui placent des
arbalètes pour tuer les loups.

1. V. preuves, *in fine.* (*L'Univers du 24 août 1877.*)

2. — « Ut comites pupillorum et orphanorum causas primum audiant. Et in venatione non redeant illo die quando placitum debent custodire nec ad pastum. » (Baluze, Capitulaire de 789.) — « Volumus atque jubemus ut comites nostri propter venationem et alia joca placita sua non dimittant nec ea minuta faciant, etc. » (Capit. de 807, *loc. cit.*)

3. —Si quis cervum domitum vel acre truitis occiderit, aut furatus fuerit, non sicut de reliquis animalibus exigatur, sed tantum quadraginta quinque solidis culpabilis judicetur. (Loi des Ripuaires, 442.)

4. — V. Chiens, n° 45.

5. — Ordonnance du Roy Charles VI, portant défense à toute personne non noble d'aller à la chasse. (Paris, 10 janvier 1397. — K, 74, n° 38.)

6. — Le duc de Bourgogne : « præcepit etiam et interdixit ne quis venatorum suorum vel Brennarii sui nec aliquis serviens ejus in Floriquestum vel violentiam faceret. » — Fleurey-sur-Ouche, 1104. (Cart. de Saint-Marcel-lès-Chalon, n° 34, anno 1104.)

7. — « Les premières ordonnances qu'on a recouvrées sur le fait des chasses, sont celles du roi Philippe surnommé le Long, de l'an 1318, art. 2 et 3 ;

De Charles, duc de Normandie, 1356, article 1 ;

De Charles VI, en janvier 1396, adressées aux maîtres des Eaux et Forests, et publiées au Parlement de Paris le 5 février suivant, et au Châtelet le lendemain ; une autre en septembre 1402, art. 62. Celle de 1396 doit être regardée comme la première loi qui ait été faite sur la chasse. » (Conférence sur l'ordonnance de Louis XIV d'août 1669, sur le fait des Eaux et Forêts, t. II, p. 547.) V. autres lois de 1313, 1346, 1355, 1356, 1596.

8. — Ordonnance de Philippe le Bon, duc de Bourgogne :

Item, fureteur mangera à court et aura hors et ens dix-huit deniers de gaiges par jour ; les furets et filets payés en la chambre aux deniers, et rien de plus.

Item, le perdrier mangera à court et aura dix-huit deniers de gages par jour, hors et ens, tout comme la saison durera, et rien de plus.

Item, les maistres des forets, s'ils viennent à court, ne prendront rien fors qu'ils mangeront.

Item, veneurs, archiers, varlets de chiens, fauconniers, et autres pour le déduit, à la volonté le Roy, mangeront à court, etc. (Thes. anecd., 1, a. 1259.)

9. — V. Ducange, Gloss. lat. Gall. Luparius, Venator, etc.

10. — Ordonnance du duc Philippe le Bon, 20 janvier 1427 : « Item, voulons et ordonnons, parmi ce que nosdites gens de notre vénerie ne ayent sur notre peuple aucune prinse de bestes ne d'autres vivres, foinz, feurre et autre chose quelconque et en quelque manière que ce soit, sinon en payant raisonnablement et complètement tout ce que pourront valoir lesdits vivres. » (C. de Maheu Reynout, Rec. gén. en Bourgogne, 67.)

11. — Diverses ordonnances, de 1601, 1669, 1675, 1671, 77. Battues aux loups, accidents à éviter. Pour obvier aux abus, il était défendu aux lieutenants de louveterie de faire aucune publication de chasse au loup sans le consentement de deux gentilshommes dans leur département, nommés par l'Intendant de la province. La taxe pour la prise des loups sera levée sur les villages des environs qui sont en août 1709 de 2 deniers parisis pour loup et louveteau et 4 deniers pour louve et louvette sur chaque feu à 2 lieues à la ronde. (Boutaric, Traité des droits féodaux, p. 517, 518.)

12. — Quand les louvetiers s'acquittent mal, on permet aux villageois de chasser, « à condition que ce soit en présence des officiers des lieux et sans pouvoir tirer sur le gibier ».

— Arrêt du Parlement de Provence du 23 janvier 1611. Sur les réquisitions du Procureur Général, la Cour ordonne qu'à la diligence de ses substituts dans les bailliages, les communautés seroient assemblées pour faire la chasse des loups, appelés les officiers des justices des lieux sur lesquels se feroient ces chasses, avec défense néantmoins d'en abuser, ni de faire autre chasse qu'aux loups, etc.

Autres de 1598-1599 (ce sont les seuls cas où il est permis aux roturiers de chasser). (Bouhier, Obs. sur les coustumes du Duché de Bourgogne, ch. XLVI, XLVII, LXIII. t. II.)

— Arrêt du Parlement de Dijon du 4 mars 1785; jours fixés pour les traques et battues; défense de tirer le gibier.

LOUVETIERS

13. — (1031). Parmi les officiers du duc Robert de Bourgogne, on trouve un veneur nommé Anselme, et un officier de vénerie du nom de Warin. (D. Plancher, II, 255.)

13 A. — Geoffroy dit le mollot de Proingey, 1318. (D. Plancher.)

14. — *Magister Venator : qui Regiæ venationi præest. (Gallice, grand veneur.)
Carta Caroli V Reg. In anno 1366. Dominus genitor noster confisus ad
plenum de probitate dilecti et fidelis Joannis de Meudon, militis, magistri
venatoris nostri, aquarumque et forest^m, etc. (Ducange, Comput. Paris,
folio 140.)*

*Dominus Guillelmus de Gamachiis, miles cambellanus Domini Regis,
ordinatus et stabilitus magister Venator et gubernator veneriæ regis loco
Roberti de Francovilla. (Ducange, art. Magister Venator.)*

14 A. — Le louvetier avait 28' de chaque loup, 21' d'une louve et 5' de
chaque louveteau ; il devait rapporter le pied droit avec un certificat, pour.
être payé. Dans un compte du bailliage de Châtillon, il est dit qu'on
payait pour la prise de chaque loup 2 fr., à condition de ne rien lever
sur le peuple.

Jean Sauvegrain, dit le Normandel, maître de l'Hôtel de Mgr le Duc et
son louvetier.....

Lorsqu'il chassait au loup, il avait par jour 18' 6' tournois
(Cte d'Amiot Arnaut, fini le 1er juin 1382.)

Pierre de Moisilley, chasseur de loups pour le Duc.

Villemot le maire, de Varnoul. Commis par Mgr le Duc à prendre
loups et louves au bailliage de Dijon, d'Auxois et de la Montagne, par
lettres du 29 avril 1401. Il avait 2 fr. pour chaque loup, à condition de
ne rien lever sur le peuple.

Sault des Isles, valet des levriers pour la chasse du loup.

Jehan Giot, *id.*

(Etat des Off. de Philippe le Hardi. Coll. Bourgogne, vol. 22.)

15. — Huguenot Plumeron, louvier de Bourgogne, reçoit du forestier de
Brancion, pour 7 louves et 10 loups pris en une année (1376 à 1380),
20 sols par loup et 24 sols par louve dont il a exhibé les pieds de devant.
(Arch. de la Côte-d'Or, B. 3387.)

16. — 1398-99. Le duc de Bourgogne nomme Colin de Witry son louvetier,
à l'office de forestier de la prévôté d'Omont en Rhéthelois. (Catal.
Joursanvand, chasse, p. 143.)

1401. — Jehan de Beauvillar, sergent à pied en la garde de Couci,
certifie que Perrin et Lorent Bellefemme ont pris 4 petits loups (*loc. cit.*).

17. — Nombre de pièces analogues des 14' et 15' siècles (*loc. cit.*).

18. — Voir documents semblables du 13ᵉ siècle, dans D. Bouquet, t. 21, p. 220 à 245.

19. — Gille la Buffe, maitre veneur du duc de Bᵍⁿᵉ et écuyer ; Mᵈⁱᵗ Sᵣ, par lettre de Paris du 7 septembre 1398, lui donne permission de chasser aux loups dont il a appris qu'il y avoit une grande quantité au bailliage de Dijon et Chalon, et de les prendre en telle manière qu'il pourra, lui ordonnant pour ce 2 fr. pour chaque bête qu'il prendra, sans exiger rien de plus de personne, lesquels lui seront payés par les receveurs et chatelains es mettes desquels il les aura pris. Ledit pouvoir après deux ans non valable.

20. — Par lettre du 28 sept. 1399, de Douai, le duc le gratifie de 100 francs.

21. — Maître de la Venerie du duc de Bourgogne. Mondⁱᵗ. Sᵣ, par lettre de Paris du 10 octobre 1400, mande à ses grénetiers du duché et comté de Bourgogne de lui délivrer tout le sel, tant qu'il en faudra pour saler les venaisons qu'il prendra pendant l'année.

22. — Mᵈˢʳ par lettre de Conflans-les-Paris, du 29 oct. 1400, le gratifie de 3 queues de vin de Pomart. (Coll. de Bourgⁿᵉ, V, 23, folio 29 vᵒ.)

23. — 1400. Mᵈˢʳ ayant appris qu'il y avoit en ses duché et comté de Bourgogne quantité extraordinaire de loups qui y faisoient un dégast terrible et dévoraient même les personnes, pour parer à ces accidents, par lettre de Conflans, 20 sept. 1400, établit ledit Gille pour les chasser et détruire généralement par tous ses pays, de telle manière qu'il pourra le mieux, et lui ordonne 2 fr. pour chaque bête, qui lui seront payés sur le certificat des curés ou chatelains des lieux où il les prendra, des deniers des chatellenies où il les aura pris.

24. — Gille la Buffe, écuyer, échanson et maitre veneur du duc de Bourgogne. « Mondˢʳ, par lettre du 15 sept. 1402, de Melun, mande aux contrôleurs et gréneliers de ses greniers à sel, qu'il envoie actuellement les veneurs et chiens courants en sondit duché avec ordre de chasser pendant la saison aux bêtes noires et d'en faire saler pour les lui amener pour la dépense de son hostel, pourquoi il leur ordonne de livrer audit Gille, chacun endroit soi ce qu'il lui faudra de sel à cet effet. » — Gratification de 40 l. (Coll. Bourgⁿᵉ, V, 23, fol. 29.)

25. — Anceau La Caille, valet de chiens du Cᵗᵉ de Nevers. Le duc, par lettre de Paris, 4 nov. 1392, lui donne pouvoir de détruire et donner la chasse

aux loups dont il y a grande quantité dans le bailliage de Dijon, etc.
(*loc. cit.*).

26. — Pierre de Brie, maître forestier de la forest d'Argilly, auquel le duc
avait donné « pouvoir spécial de prenre et chacier à force de chiens,
harnois, filez et autres engins loisibles, loups et loupves, par tout le
bailliage de Dijon pendant deux ans », avec le droit de deux francs d'or
pour chaque bête prise. (Cte de Vergy. Invent. B. 6482.

27. — « Philippe, fils du Roy de France, duc de Bourgoingne, conte de
Flandres, d'Artois et de Bourgoingne, Palatin, sire de Salins, conte de
Rethel et seigneur de Malines. A notre amé et féal trésorier, Jossel de
Halle, salut et dilection. Pour ce qui est venu à notre cognoissance que
ez bailliages d'Auxois et de la Montaigne à grant nombre et multitude
de loups et louves qui dévorent de jour en jour les bestes de nos povres
subjets et dommagent nos sauvagines. Nous voulans ad ce pourvoir de
remede, avons commis et commettons par la teneur de ces présentes,
Coppin Noppe, maistre forestier de Saulmaise, et lui donnons pouvoir
et mandement espécial de chacier et prendre à force de chiens, harnois,
fillez et autres engins loisibles, loups et louves par lesdits bailliages, et
avons ordonné et ordonnons que pour chascun loup on louve que il
prendra, il ait deux francs d'or à prendre par les mains des receveurs ou
chastellains en cui chatellerie auront esté prins sans avoir et exigier autre
proffit sur les bonnes gens du pays d'environ, comme fait a esté en cas
semblable au temps passé. Si vous mandons que par lesditz receveurs
et chastellains, faites paier et délivrer audit Coppin pour chascun loup on
louve qu'il prendra doresnavant en ditz bailliages, les ditz deux francs
en prenant et recevant les enseignements et étifications souffisans et
que en tel cas appartiennent ensemble quittance dudit Coppin… Mandons aussi aus diz Baillis d'Auxois et de la Montaigne et à tous noz
autres justiciers, officiers et subjets que ce puet touché que ledit Coppin
facent et laissent chacier et prendre par tous leurs ditz bailliages loups et
louves par la manière dessus dite sans le troubler ou empeschier
aucunement au contraire. Ces présentes après deux ans non vallables.
Donné à Paris le 14e jour de janvier, l'an de grâce mil trois cent quatre
vingt et quatorze. »

28. — Salaire de Coppin Noppe, forestier de Salmaise. (Cte de Pouilly en
Auxois B. 5732.)

Coppin était de Chanceaux et valet de chambre du duc. Il est encore récompensé en 1407-1408 pour 31 loups et louves.

29. — Joffroy de Tavernay de Villey-le-Duc reçoit 6 fr. 2 gros et demi, pour la prise de six louves et sept loups « par lui pris dans la loupière de Villey-le-Duc, en la rue de Saint-Fale, pendant un an. (Cte de Villey-le-Duc, B. 6611.)

30. — « A Jehan Chambrier de Corberon pour 4 loups pour chacun 19 solz et pour trois louves chascune 12 sols pris par eux ez louvières de Corberon. (Cte de Geoffroy de Blaizy, gruier, B. 1400.)

31. — A Jehan de Poissy, écuyer, maître de la Vénerie... par lettres de Chalon du 2 déc. 1425, « pour frais qu'il a convenu prestement faire ou fait de la vénerie tant pour prendre pourceaulx et autres bestes sauvaiges, comme pour achat de sel pour saler lesdites venaisons et autrement à cette occasion que nous a ordonné estre mis en son Chastel d'Argilly pour sa provision = 30 fr. » (Cte de Mabeu Regnaul, Rec. gen' 991.)

32. — A Magnein de Molois pour un loup pris à Talent à force de chiens et gens. Ces années 1424 à 32, quantité de loups, loupves et leurres. Les leurres sont payées 5 fr. (Rec. du bailliage de Dijon.)

33. — « A Drolin le Nailly, loupvetier de Mgr pour ses gaiges de 4 loups et une loupve 30 fr. » Une autre fois pour 1 loup et 3 loups. (Cte gén' de... receveur de la gruerie d'Autun.)

34. — « Sachent tous que en la présence de moy Guillaume Dampinote de Saulx, coadjuteur de Tabellion de Saulx pour Mgr le Duc et des tesmoings ci-après ecripts a cogneu et confese Villemot le Montot, maire de Vernoul, commis de par Mond^{gr} à prendre loups et loupves aux bailliages de Dijon, d'Auxois et de la Montaigne, etc. » — Cinq loups (1404).

35. — Pierre Baudot, vicaire de Baigeon et tabellion de la cour de Langres, certiffie qu'en sa presence et de plusieurs autres « Villemot le Montot, autrement Chantepoul, maire de Vernoul, et ses aides chassèrent au loup au boisson appelé le boisson de Montenoilh. — 1405-1406. (Sceau de Baudot, collection Canat de Chizy.)

36. — « Item pour celui qui prant les loux à Brasei xx sos que vos li donastes pour deus. » (Cte de Guillemaut de Braise, receveur de la chatellenie de Brazey pour 1299 .Collection Canat de Chizy.)

37. — « Je Jehannin le Corcenat de Buchey, confesse avoir eu et receu... pour la prinse d'une leurre morte par moy prinse en la rivière d'Ousche à force de moy et de mes chiens. » — 5 oct. 1460.

38. — Par lettre du 15 mars 1421, le duc de Bourgogne, sur le bon rapport qui lui a été fait, retient Simonnot le Boissenet pour leurrier en son duché de Bourgogne, aux gaiges droicts et proffits et émoluments ordinaires, audit office, tels qu'il les avait pour ce du vivant du feu duc son père. (Collection B^{te} V, 29, fol. 20.)

39. — Anne Rolin, dame d'Aymeries d'Huisant véneresse et louvière héritable du pays et comté d'Haynault, marquise douairière de Roubaix, vicomtesse de Gand, fille et unique héritière universelle de Messire Georges Rolin, chevalier seigneur dudit Aymeries d'Huisant, grand veneur et louvier héritable du comté de Hainault. (J. d'Arbaumont, Généalogie du chancelier Rolin, Revue Nobiliaire, t. III, p. 34.)

41. — Jean de Saux, chevalier Sr Lorrain et d'Arc en partie, Gruyer et Louvetier de Bourgogne, mari de D^{lle} Marguerite de Tavanes (premier du nom de Saux Tavanes). — (D. Plancher, hist., p. 468.)

42. — 1483. Charles, par la grâce de Dieu, Roy de France, à tous ceuls qui ces presentes lettres verront, salut. Savoir faisons que pour considération et recongnoissance des bons, agréables et recommandables services que notre amé et f^{al} conseillé et chambellan Jaques de Tinteville, seigneur d'Echanolz a fait à feu notre très chère seigneur et père que Dieu absoille ou fait de ses guerres et autrement en plusieurs manières et qu'il nous fait de présent et continue chascun jour et espérons que plus faire cy après confians pour ce de ses sens, noblesse, souffisance, loyaulté, preudomie, expérience et grant diligence. A icellui pour ces causes et autres à ce nous mouvant avons confermé et confermons par ces présentes les offices de notre grant veneur et ministre de la Louveterie de noz pays de Bourgoingue que par ci-devant il a tenu et exercé du vivant de feu notre dit seigneur et père, et les ditz offices en tant qu'on les pourrait dire vacants et impétrables à cause de notre novel et joyeux advenement à la couronne, les lui avons de nouvel et d'abondant donnez et octroyez..... Et en outre lui avons donné et donnons par ces presentes faculté, puissance et auctorité de nous nommer et présenter à tous les offices ordinaires et anciens deppendant du fait de ladite Vénerie, telles personnes suffisans..... Donné à Bloy le vingt neufiesme jour d'octobre l'an de grace mil quatre cent quatre vingt et trois.

— Même année, contestation portée devant le Roi, entre le sire de Tinteville et le sire Guillaume de Villers, chevalier; ledit de Tinteville rappelle que la charge de maître de la Louveterie a toujours été adjointe à celle de grand veneur, que nonobstant le Roy avait gratifié de cette charge de louvetier le sire Guillaume de Villon.

Le roy, pour éviter plus grave contestation décide que Tinteville restera maître de la Louveterie et en nos pays et duchié de Bourgoingne, Contez de Charrolais et Bar sur Seine, et semblablement que icelluy de Villers ayt, tiaigne et exerce ledit office de Grand Louvetier en notre pays et comté de Bourgoigne..... (Ch. des comptes de Dijon, B. 382.) Donné à Montilz les Tours, 3 mars 1483.)

43. — 1619. Lettres par lesquelles le roi donne à Royer Blondeau l'office de grand louvetier de Bourgogne. (Arch. de la Côte-d'Or, B. 137, registre.)

44. — Lettres de provision de lieutenant de grand louvetier de France, en faveur de Jacques Ferrand, présenté par M. de la Roche-Guyon, grand louvetier de France. (*Id.*, B. 141, *reg.*)

CHIENS

45. — Si quis canem vel truum, aut segutium vel petrunculum...... (Loi Salique, titre 6.) — Traduction de M. Peyré : « Si quelqu'un s'est permis de voler un chien de chasse, un chien mâtin ou un chien courant, nous ordonnons qu'après preuve faite, il baise le derrière de ce chien, en présence de tout le peuple, ou bien qu'il soit contraint de payer cinq sous d'or. »

46. — « Volumus igitur quod episcopalis domus quæ ad hoc, Deo favente, instituta est, ut sine personarum acceptione omnes in hospitalitate recipient, canes non habeat, ne forte hi qui in ea miseriarum suarum levamen habere confidunt, dum infestorum canum morsibus laniantur detrimentum versa vice suorum sustineant corporum. Custodienda est igitur episcopalis habitatio hymnis, non latratibus, operibus bonis, non morsibus venenosis. Ubi igitur Dei est assiduitas cantilena monstrum est et dedecoris nota, canes ibi vel accipitres habitare. » (Concile de Mâcon assemblé par le roi Gontran, en 585, canon XIII.)

47. — Le duc Hugues IV affranchit les terres de l'abbaye de Saint-Bénigne du droit de gite de ses veneurs et berniers, qui pouvaient prendre, quand ils voulaient dans les villages qui en dépendaient, la nourriture de leurs chiens. (D. Plancher, Hist. II, p. 15.)

48. — Dans une charte du Cartulaire de Cluny (S' Odilon, n° 293), il est question de tailles que devaient les habitants de Massilly pour la nourriture des chiens (Chavot. Cart. de Mâcon, introduction, p. cvi.)

49. — Philippe de Rouvres, dans son testament, fait abandon général de tous ses droits de giste, chiens et veneurs, etc. (Ms. Pérard 89. — D. Plancher, II, p. 301.)

50. — Le IV° canon du concile d'Épaone, 517, défend aux ecclésiastiques de tenir des chiens de chasse et des oiseaux.

51. — Macé de la Varenne, rec' à Romorantin, paye les gages de Guiot de Somière, veneur du comte de Blois, « pour les despens et gouvernement des chiens qui ont chassé les pors en la forest de Bradem ». (Cat. Joursanvault, p. 116.)

Office de braconneries à chasser ez bestes noires. 1377-86. (Id.)

Paiement des cotes hardies, cotes d'esté. (Id.) On appelait les bêtes sauvages « feræ pugnaces, et feræ fugaces », — celles qui font tête, et les timides.

52. — Chiens enragés et errants, « ordonne d'établir des patrouilles de jour et de nuit lesquelles détruisaient sans aucune distinction tous chiens appartenant à des personnes connues ou inconnues, même ceux qui seraient muselés »… (Arrêt du Parlement de Dijon, 14 mars 1785.) Noms des villes qui doivent le gite des chiens du duc de Bourgogne. (Ch. des comptes de Dijon, n° 10423.)

CHASSE, ANIMAUX DIVERS, PIÈGES, ETC.

53. — 1398. Saichent tuit que je Pierre Chevillart chastellain de Moilley, certifie à tous en vérité que Guyennot le cordier de Balenoul, a rappareillez, reffais quinze pièces de harnois à prendre loups qui estoient desmenaigiez en plusieurs lieux, tant ez maisties come ez nappes, et iceux ay veuz et visitez tout estandu à pièces…… xiii sept. m ccc iiii^{xx} xviii. (Petit scel, rep' un lyon debout. Arch. de la Côte-d'Or, B. 882.)

54. — Lettre du duc Philippe à Guillaume Bastard d'Ocle, mandant de chasser

loups et loupves « à force de chiens, fillez, harnais et autres engins à ce
loisibles..... pour lesquels loups et loupves qu'il prendra lui avons ordonné prendre et avoir, touttefois que le cas y escherra sur chacun feu à
deux lieues à la ronde où lesd. loups et loupves auront esté prins, deux
deniers tornois; de ce toutevoyes exceptés hormis povres gens, mendiants
et autres misérables créatures ».... (9 février 1441. Arch. de la Côte-
d'Or. B. 882.)

55. — Récompenses données aux preneurs de loups, loutres, effray et
grosses aigles. (Cte de Villers-le-Duc, B. 6617.)

56. — Institution comme leurrier de Thomas Brisejon connu par son industrie
et habileté au fait de la chasse aux leurres. 1568. (Cte de Saulx-le-Duc.
B. 6129.) Il prend 21 leurres « à force de chiens, filets et autres engins.
(*Id.*, B. 6136.)

57. — Frais pour détruire à force de chiens et d'engins les loutres qui rava-
geaient les étangs et les rivières. — Prise de deux aigles à queue blanche.
(Cte de Phili^t Leroidon, rec^r de la gruerie de la Montaigne, B. 1618.)

58. — Prises de loups, leurres, grosses aigles et auffroignes, etc. (C^tes du Di-
jonnais, arch. de la Côte-d'Or, B. 4461, 4468, 4486, 5036 — 68,
5132.)

59. — Pour l'amodiation de la perche à prendre oyseaulx ez tenues et sei-
gneurie de Goux, près Dôle. (Cte du receveur de Goux.)

60. — A Jehannin le Baillemet et Iehan Jacquelin leurriers de Mond^isr...
3 leurres prinses en et alantour des estangs de Satenay. (Cte de la gruerie
pour 1440. Coll. Canat de Chizy, n° 495 bis.)

61. — Salaire des perdriseurs du duc de Savoie, chargés de chasser les perdrix et oies sauvages pour son hostel. (Cte de Gourdon, Côte-d'Or, B.7976.)

61 A. — Paiement de 52 livres pour la garde « de deux aires d'auttours » en
la forest de Villiers, « où avoit on chascune deux hommes, et les
prendre et nourrir en prenant les pourter jusqu'à Gienville ». Les aul-
tours sont portés à Fontainebleau. — Achats de poules et poulets pour
prendre ces oiseaux, et d'une peau pour faire des « Giefs ». La garde
d'autres aires eut lieu depuis Notre-Dame de Mars jusqu'au 16 juin. (Cte de
Villiers-le-Duc et Maizey, 1542, 1549.)

Recette du produit de la prise des bêtes, ours et autres animaux sauvages, dont le fisc prenait les quatre pieds et les boyaux. (Cte du Re' de Balon, Léaz et Lécluse. Inv. de la Côte-d'Or, B. 6942.)

62. — 1423. La prise d'un ours donnait droit à la tête et aux quatre pieds ; celle d'un sanglier à un jambon, celle d'un cerf à un cuissot ou au bois, selon le temps, au profit du duc de Savoie. (Cte de Matabelon, B. 8304.)
Ferme de la chasse au lièvre et aux perdrix. (*Id., ibid.*)

63. — 1475. Recette de deux têtes de sangliers pour la ferme de la chasse des bêtes fauves dans la chatellenie de Montdidier. (Cte de Montdidier, B. 8520.)

64. — Dans un mandement adressé par Jacques Oriol, juge de Bresse, et le bailli Aymon de Chateau-Vieux on lit : « Nous vous saluons et vous mandons que incontinent rechues ces présentes vous ferrais chasser tous les chastellains et officiers de Bresse à sengliers, biches, lièvres, cugneux, perdrix, hostardes et autres servagines, et tout ce qui s'en pourra prendre, le transmettrez sans nul délai à monsieur le Roy à Lyon, le plus honorablement que faire se pourra. (Cte de Montluel, B. 8603.)

65. — A Johan Morel, povre homme en quoy nous lui etions tenus pour deux chevaulx que nous avons fays prendre de luy pour en faire trainée aux loups. III^f. (Mand. de Philippe le Hardy, duc de B^{ne}, du 4 juin 1402. Collect. Canal de Chizy.)

66. — La bête du Gévaudan.

Lieux dits

SAÔNE-ET-LOIRE

68. — La Loyère, lieu infesté de loups. Luparia 1241. (Év. de Ch.) Lovère, 1264. (S^t-V^t de Chalon.)
Louère, Louhière, peut-être même Lalheue.
La Louère, c^{ne} de Uchon la Boulaye. (Dict. topog.)
Les Louères, c^{ne} de la Tagnière   —
Le Louet, c^{ne} de Marizy.
Rente aux Loups, c^{ne} de Montet.
Louvarel, c^{ne} de Champagnat.
Louve, c^{ne} de Prissé.
La Loutière, c^{ne} de Broye. (Autrefois la Louère, 1243. Cart. Égl. d'Autun. 181.)

Champloup, c^{ne} de Vareilles.

La Lovère. (Forêts de Baurepaire, S.-et-L. 1775.)

Villa Lupiaco in pago matisconensi. (Cart. d'Odilon, 456, anno 1020). Ce lieu situé près de la Grosne et des moulins de Balme et de Trenca est probablement le hameau de Louve, c^{ne} de Prissé.

Ou peut-être Loché, qu'une charte de Cluny de 995 nomme *Lopchiaco.* (Odilon, 791.)

Trappeloup, c^{ne} de Varennes-sous-Dun.

COTE-D'OR

Louvey. c^{ne} de Millery.

La Louvière, c^{ne} de Auxonne.

HAUTE-MARNE

Louvière, c^{ne} de Fay-Billot.

AIN

Luponas.

La Louvière, étang à Marlieux.

Louvre, étang à Bouligneux.

Le Louvre, hameau de Saint-Didier de Formans.

Lurey, Luperciacum, Lurciacum, c^{ne} du canton de Saint-Trivier sous Moignam.

Lupien, ham. de Saint-Rambert.

Montluel, *Monte Lupello, de Monteluello, Mons lupelli.*

JURA

Louverot, village touchant à la forêt domaniale du Vernois. (Rousset, Dict. du Jura, t. IV. 30.)

Louvenne, bailliage d'Orgelet.

Les Louvières   —

Louvotange, prévôté d'Orchamps.

La grande Loye. à Dole.

La petite Loye.

La Loue. *Super lupam, rapacissimum fluvium.* (D. Bouquet, n° 362.)

La Louvetière ; ce nom n'existe pas dans la montagne de Saint-Claude, à peine connu dans l'arrondissement de Dôle, très fréquent ailleurs. Dans le midi de la France ce nom désigne un repaire de loups.

La Louvière forme une ceinture au N. à l'E. et au S. du département. Les pays
de Louvière paraissent bien séparés de ceux de Louvatières, d'ailleurs,
Louvière signifie *fosse à loup* ou *tanière à loups*. (Ph. Toubin, Mém. de
la Soc. d'émul. du Jura, 1468.)

CHAMPAGNE

La Ferté-Loupière, la Ferté la loupière, *de Firmitate de la loupière*, 1266 (*de
Firmitate lupatoria*), 1282. (Dioc. de Sens, bailliage de Troyes. (Hist.
de Courtenay, p. 58.)
La Louptière, commune de Nogent-sur-Seine. (D'Arbois de Jubainville, Reg.
arch.)
Villeloup. canton de Troyes. *Ibid.*

LYONNAIS

Marcy-les-Loups, *Marciacus villa*. Canton de Consorce (Rhône).
Lupé, canton de Pellussin (Loire).
Lupiniacus villa, *in pago Lugdunensi* (Chifflet, Hist. de Tournus, 264 ; Méne-
trier, XXXI.)

Autres Pays

Luppinis, Lupina, Loupeigne.
Louverny.
Louvet.
Louvetain.
La Louvière.
Lovvrey, Loveri, 1217.
Luvry, Luveri, 1235,
     (Dict. topog. de l'Aisne.)
Luperciacus in villa comitatusScalingensis (D. Achery, Spicilège, p. 107.)
Villula Lupiniaco in comitatu Cavellonensi. (D. Bouquet. VIII, 623. —
     Spicilège, XII, 124.)
Luperciacum, Luperciacus. Leuvy-le-Bourg (Nièvre).
Luperciacum Castrum, Lurcy-le-Château (Nièvre).
Lupinus, Alpin (Yonne).
Luponis villa.

In loco qui rustico vocabulo Villalupo vocatur in pago Turonensi.— Villeloin.
D. Bouquet, VIII, 514. — Ann. Bened., III, p. 4.)

Autres Animaux nuisibles

Le Renard. *In pago Matisconensi, loco Vulpe.* (Pérard, 37.) *In villa Barriniaco,
   in loco qui dicitur Vulpe, atque villa Curtilis Matisconensi pago.*
   (*Ibid.*, 36.)
Vulpe, en Dauphiné. (Cartulaire de l'abbaye de Léoncelle.)
La Loutre. La ville de Lure, en latin *Lutra.*
La Loutre, ruisseau affluent de la Veyle (Ain).
Le Blaireau, Taisson, *Taxus.* On écrivait aussi *tassius, tazius,* en français tesso-
   nière, teyssonière, teyssonar, tassonnas, ternière, tornière, tassin, teys-
   sin. En bas-latin taxonus, *tasso* en italien, toisson en ancien français, *taïs,*
   taizô en provençal, *taxon* en espagnol, *tachon* en champenois: procède
   de l'ancien haut allemand Dahs, allemand moderne Dachs.
Le porc est nommé également tesson, taisson en plusieurs de nos patois. *In
   agro monte Auriacense, in villa taxoneria.* (Cart. d'Ainay, ch. 44, 1012.
   Revue du Lyonnais. t. XI, 3ᵉ série, p. 149, mai 1871.)
Villa Taxionaci, Teyssonge, *juxta Burgi Sabusiacorum oppidum.* (Bul. Sab.
   Cent. II, nᵉ 93), vers 1050.
La Tassonnière. (Soc. émul. du Jura, 1868.)
Taxonaria, Tassin (Rhône), la Taxonière. (Caussin, Géogr. du diocèse du
   Mans. 616, 802, 832.)

INVASION DE LOUPS

69. — « Je Guillaume le Gros né à Avranches, en la grand'rue, prior de la
   Blattière en l'an 1369, durant encore les guerres et les Compagnies anathé-
   matisées, le roi de Nauare étant à Cherbour et les lops partout, et la tierce
   mortalité tot ensemble, commença à écrire ce chartrier des environ
   1167.... » Les trois mortalités sont celles de 1360, 1362 et 1369.
   (Ed. de Fréville. Les Grandes Compagnies, Bull. de l'École des chartes,
   V, p. 251.)

70. — Raoul Glaber (lib. IV, c. 4), racontant l'affreuse peste de 1030, qui dura
3 années, où l'on vit en Bourgogne et particulièrement à Tournus et Mâcon
des malheureux se repaître de chair humaine, ne manque pas de parler
des loups affamés qui firent de grands maux : « *Pro multitudine sepultura
carentibus, lupi adescati post longum tempus prædam capere ex hominibus.* »
(Jcénin, preuves, p. 120.)

71. — Vide : *Odilo abbas Cluniacensis in vita S. Maioli*, p. 290. (Baluze,
dans les *Notes* sur les capitulaires.)

Note sur les loups affamés *qui entroient ez bonnes villes*, dans
le Bourgeois de Paris, après le mois d'août; id., au 24 août 1438 et
16 décembre.

72. — Arrêt du Parlement de Dijon du 1er août 1766 ordonnant une grande
battue aux loups, avec injonction aux paysans, tous les hommes de 20 à
60 ans, de prendre les armes et de se trouver à l'assemblée sous peine
d'amende. Le procureur général dit : « Qu'il s'est répandu dans les campagnes une quantité de loups qui y jettent l'effroy, que différentes personnes même ont été attaquées. » (Coll. Canat de Chizy.)

LOUPS GAROUS ET SORCIERS

73. — V. Boguet, grand juge, Discours des sorciers, avec son advis en fait de
sorcellerie, etc. Lyon, 1603, 1 vol. in-12.

Dans la dédicace de ce livre curieux et fort rare, l'auteur constate avec
plaisir que la Suisse, la Lorraine et la Savoie ne le cèdent en rien à
la Bourgogne et montrent « mil et mil pouteaux » où l'on attache les
sorciers. Cruellement crédule, Boguet entre dans les détails les plus
minutieux sur les sorciers qu'il a fait pendre, bouillir ou griller dans
ses terres. Il cite les noms des individus changés en loups à Dôle, Po-
ligny, etc., raconte les péripéties de leurs divers supplices, démontre
la supériorité des prêtres catholiques sur les ministres protestants
pour les exorcismes, et dresse en 70 articles un véritable code cri-
minel de la sorcellerie, qu'il observe et remarque en toute chose.
(Extrait du catalogue de vente de H. Menu, 7, quai Malaquais, à
Paris, du 30 août 1875.)

74. — Concile d'Anse (990), condamne les enchantements, les augures et autres divinations. De la Démonomanie des sorciers..., par J. Bodin, Angevin, Paris, Jacques du Puys, MDLXXXII.

75. — « M. E. Travers, archiviste du Doubs, a transmis un arrêt du Parlement de Dôle en date du 10 janvier 1573, qui condamne à être brûlé vif Gilles Garnier, convaincu d'avoir, soit sous la forme d'un loup-garou, soit sous la forme d'un homme, tué deux jeunes filles et deux jeunes garçons, et d'avoir mangé une partie de leurs membres... » Garnier a avoué que s'il « n'avait pas mangé la chair d'une de ses six victimes, c'est qu'on ne lui en avait pas laissé le temps, et que sans cela, il en aurait mangé, nonobstant que ce fût un vendredi. » (Revue des Soc. savantes, 3ᵉ série, t. 1, p. 473.)

76. — 1463.... *In maxima parte hujus regni in omnibus fere villis, in quibus ecclesiæ sunt, Celestis ignis sine vento et tonitru ac turbine, non hominem neque pecus lædens, et in quibusdam locis dæmones in forma luporum ad imitationem caprearum balantes apparuerunt, et multis auditi sunt.* — *Finis Chronicæ Frodoardi*, Ch. Andegavensis, D. Bouquet. VIII. p. 252.)

77. — « Permission de chasse aux loups-garous. » (Franche-Comté, Mém. de la Soc. d'émul. du Jura, par M. V. Robert, 1879.)

LA BÊTE DU GÉVAUDAN

D'aucune bête on n'a parlé tant que de celle-là, et il n'en est pas de moins connue. Aujourd'hui comme de son temps, les opinions que l'on se forme sur son compte sont si variées, les hypothèses sont si diverses, qu'il serait plus long de dire ce qu'elle ne fut pas que de raconter ce qu'elle fut. Les uns prétendent qu'elle n'a jamais existé et qu'elle fut tout simplement un moyen d'occuper les esprits et de détourner l'attention publique de sujets plus graves. D'autres ont cru que c'était une bête fantastique, ou bien encore un loup-garou, sorcier prenant la forme d'une bête, ou bête possédée par le diable.

Certains s'imaginent que ce fut un loup enragé, sans se donner la peine de réfléchir qu'une bête hydrophobe ne vit pas à beaucoup près aussi longtemps que durèrent ses ravages. D'autres, plus près peut-être de la vérité, croient que ce fut un loup énorme et qui se distinguait des autres de son espèce par ses attitudes, par sa voracité, par son poil touffu et presque imperméable aux projectiles, aussi bien que par sa grandeur même : ce qu'il y a de certain, c'est que l'Europe entière s'en occupa, et resta les yeux curieusement fixés sur le

Gévaudan, à une époque cependant où les nouvelles marchaient lentement comme les hommes, celles-là sans l'électricité, ceux-ci sans la vapeur.

Ce fut au mois de juin 1764 que la bête fit parler d'elle pour la première fois. Sa retraite ordinaire était le Gévaudan, qui lui a donné son nom. Il est borné au nord par l'Auvergne, à l'ouest par le Rouergue, au sud par les Cévennes, à l'est par le Vivarais. Ses deux premières victimes furent deux enfants du village de Langogne. Puis ses ravages continuèrent. On s'aperçut tout de suite qu'on n'avait pas affaire à un loup pareil aux autres, en supposant que ce fût un loup. Ces animaux, en effet, dans la situation difficile que la civilisation leur impose, fuient toujours l'homme et ne s'attaquent même aux enfants que dans certaines conditions particulières ; il faut qu'ils soient en nombre, certains de ne trouver aucune résistance et pressés par une faim terrible, comme il arrive seulement pendant certains hivers, lorsque la terre, durant des ser   entières, est recouverte de plusieurs pieds de neige.

Aucune de ces conditions ne se rencontrait au mois de juin 1765. L'imagination du peuple travailla ; l'hypothèse la plus accréditée était que cet animal, que personne n'avait bien vu, excepté peut-être ceux qu'il avait dévorés, était une hyène échappée de quelque ménagerie de la foire de Beaucaire, qui attirait un grand nombre de montreurs d'animaux : au dernier siècle, en effet, on croyait encore que l'hyène était d'une force égale à sa voracité. On sait aujourd'hui que cet animal, de tous les animaux féroces est le plus lâche et un des plus faibles. Les Arabes le tuent à coups de bâton. La bête du Gévaudan était autrement redoutable.

Cependant ses ravages continuaient : les chasses particulières étaient impuissantes ; une première grande battue fut ordonnée : 1,200 paysans et un détachement de dragons y prirent part. On la vit ; elle fut tirée. Elle avait l'apparence d'un loup colossal. Mais elle ne fut ni tuée ni blessée, et sa réputation d'invulnérabilité s'en accrut. Chassée dans une région, elle en dévastait une autre. C'est ainsi qu'elle laissa dans les provinces de Rouergue et d'Auvergne des traces sanglantes de son passage. La terreur augmenta. Les syndics de Mende et de Viviers avaient commencé par mettre sa tête à prix. Ils offraient 200 livres à qui la tuerait. Les États du Languedoc en offrirent 2,000. Le 7 février 1765, l'évêque de Mende ordonna des prières publiques. On n'osait plus sortir de chez soi, ni mener les troupeaux au pâturage, ni suivre les grandes routes. Le commerce était suspendu. Le 8 février, un petit garçon montra un courage héroïque.

Sept enfants, dont cinq garçons et deux petites filles, gardaient ensemble du bétail dans la montagne. Les deux aînés avaient onze ans. Le nommé Portefaix était l'un de ces deux-là. Il était armé, comme ses camarades, d'un bâton à l'extrémité duquel était solidement assujétie une lame de couteau.

La bête du Gévaudan paraît brusquement et court sur eux : les enfants se groupent et font courageusement face à l'ennemi. Les aînés sont devant et la menacent de leurs bâtons à lames de couteaux; elle parvient cependant à se jeter sur l'un d'eux, lui arrache la joue et dévore ce morceau devant le groupe épouvanté.

Presque aussitôt elle se jette sur le plus petit des enfants, le saisit par le bras et l'entraîne. Les autres alors, affolés de peur, ne songent plus qu'à leur propre salut et prennent la fuite. Portefaix seul a gardé son sang-froid; non seulement il reste, mais il rappelle ses camarades avec une extrême énergie, leur criant qu'il faut arracher sa victime à la bête, ou mourir. Cet enfant de onze ans réussit dans son effort héroïque : les petits fuyards l'entendent, s'arrêtent, reviennent à lui, poursuivent le monstre, et l'acculent à un marais où le poids de l'enfant qu'il traîne après lui l'empêche d'avancer; les enfants l'attaquent de face, et, le frappant à la tête avec la pointe aigüe de leurs bâtons, tâchent de lui crever les yeux. Mais ils ne peuvent les atteindre : presque tous les coups portent dans la gueule, que la bête tient continuellement ouverte.

Portefaix à lui seul vaut un homme, et un homme courageux. Sa force est égale à son intrépidité. Il porte à la gueule de la bête un coup tel que la mâchoire supérieure est transpercée. Le monstre prend alors la fuite. Il abandonne l'enfant qu'il avait laissé tomber à terre au commencement du combat, pour tenir tête à ses assaillants, et sur lequel, pendant la lutte, il avait appuyé ses pattes de devant. L'enfant n'avait qu'une blessure au bras par lequel il avait été saisi, et une égratignure au visage.

Le jeune Portefaix fut l'objet de l'admiration générale. Le roi lui accorda une pension de 300 livres, et pareille somme fut partagée entre ses compagnons. Nous avons trouvé dans les manuscrits du temps, à la Bibliothèque Nationale, l'ordonnancement de cette dépense. On est frappé du soin avec lequel est tenue cette comptabilité, qui entre dans les moindres détails et relève les plus petites dépenses auxquelles donna lieu le voyage de Portefaix et de son oncle le curé Prieur à Montpellier, où il avait été mandé pour recevoir des félicitations et des récompenses.

Cependant les campagnes n'avaient ni repos ni trève. Le roi promit 6,000 livres à celui qui tuerait la bête, indépendamment des sommes promises d'une part par les syndics et de l'autre par les États. Le 7 mars 1765, soixante-treize paroisses du Gévaudan, 13 de la Rouergue et de l'Auvergne, formant en tout 20,000 hommes, prirent part à une immense battue. Rencontrée dans les bois de Prunières, la bête fut chassée avec acharnement. Le curé de Prunières, avec dix de ses paroissiens, la suivit pendant quatre heures, et, vers le soir, parvint à la tirer. Blessée et renversée, elle se releva aussitôt et on ne la revit plus.

Le Gouvernement s'adressa alors à un vieux gentilhomme normand, le sieur d'Enneval, dont la notoriété, dans la vénerie française, était immense. Il passait sa vie à chasser le loup, et en avait tué, paraît-il, environ mille. Il s'installa dans le Gévaudan: tous les chasseurs des provinces voisines vinrent se mettre sous ses ordres avec leurs équipages, et les contrées dévastées par le fléau furent le théâtre de la plus formidable chasse qui ait jamais été organisée pour la destruction d'une bête malfaisante.

Tout fut inutile, le monstre fut plusieurs fois trouvé, lancé, tiré, mais il échappa à tous les efforts.

A peine les chasseurs s'étaient séparés qu'une scène affreuse eut lieu. Le 14 mars, la femme Durougel, âgée de vingt-sept ans, se tenait devant sa porte avec ses trois enfants. L'aîné, âgé de dix ans, tenait entre ses bras son petit frère. La bête arrive tout à coup, attaque successivement les trois enfants; la mère se précipite sur elle, se place à califourchon sur son dos, se suspend à sa tête, s'épuise en efforts désespérés et s'évanouit. Le monstre emporte un de ses enfants, saute, sans le lâcher, une haie de huit pieds et se trouve en face d'un pâtre accompagné d'un mâtin. Cet homme s'oppose avec courage à la bête féroce et la frappe de son couteau, que l'épaisseur de la fourrure empêche de pénétrer dans la chair. Son chien se précipite aussi avec fureur, et il est le seul chien qu'on ait vu attaquer la bête du Gévaudan [1], mais le monstre d'un coup de tête l'envoie rouler à vingt pas; il fuit cependant, et laisse tomber de sa gueule l'enfant qui a cessé de vivre.

L'épouvante croissait avec les peines perdues et le carnage qui ne cessait pas. Plus de cinquante grandes chasses, auxquelles participèrent cent paroisses, avaient eu lieu sans résultat. On ne savait plus que devenir ni quel moyen

---

1. Dans l'histoire fort mystérieuse de la bête du Gévaudan, un détail qui reste inexplicable pour les chasseurs, c'est qu'on ne trouve nulle part une mention qui autorise à croire que cette bête, recherchée par des armées de veneurs, et par d'innombrables meutes, ait été une seule fois chassée comme un loup, c'est-à-dire *menée d'ordre* à cor et à cris, par un équipage de chiens courants.

employer; on répandit dans la campagne des appâts empoisonnés. La bête
ne s'y laissa point prendre. Le Gouvernement résolut de tenter un dernier
effort. Une nouvelle expédition fut entreprise.

Le 8 juin, le sieur Antoine, lieutenant des chasses royales et porte-
arquebuse du roi, partit avec toutes les meutes de la louveterie et les capi-
taineries de Saint-Germain et de Versailles, auxquelles vinrent se joindre
encore la meilleure partie des équipages des ducs de Penthièvre, d'Orléans et
du prince de Condé.

Cette armée de chasseurs n'arriva dans le Gévaudan qu'un mois après
son départ. Le plan d'attaque, l'organisation des chasses durèrent à peu près
un temps égal, enfin on chassa ; mais les premiers résultats consistèrent dans
la mort d'un certain nombre de loups ordinaires. En attendant, la bête du
Gévaudan continuait ses ravages.

Son jour approchait cependant : ce fut le 20 septembre 1765 que les
populations furent délivrées de ce terrible fléau.

Nous laissons ici la parole à M. de Bolainvilliers, intendant d'Auvergne.
Voici la lettre qu'il écrivait à Louis XV, aussitôt après la mort de la bête :

Sire,

Nous sommes dans une joie inexprimable. M. Antoine, porte-arquebuse de Votre
Majesté, a tué la bête du Gévaudan. Averti que cet animal faisait des ravages dans les
bois de l'abbaye royale de Chazes, il envoya des valets de limiers et des chiens de
louveterie de Votre Majesté pour la détourner. On fut dire à M. Antoine que la bête était
dans les bois de Pommières, et aussitôt cet officier part du château de Bellet, près de
La Beyssère, où il se trouvait, et arriva sur les lieux, commanda une battue dans les
réserves : les gardes de Votre Majesté et les tireurs de Lauzeac fouillèrent le bois, et
M. Antoine se plaça dans un détroit, et tout à coup il vit venir à lui, dans un sentier,
le grand loup qui lui présentait le côté droit et tournait la tête pour le regarder. Sur le
champ, il tira par derrière un coup de tromblon. qui était chargé de cinq dés de poudre,
de trente cinq postes à loups et d'une balle de calibre. Ce coup jeta par terre cette bête
furieuse, lui creva un œil, et les postes la frappèrent sur tout le côté droit de l'épaule.
M. Antoine fut renversé par la force du recul de son tromblon. Cependant la bête
se releva. courut sur lui en tournant, et M. Antoine, qui n'avait pas eu le temps de
recharger son arme, appela du secours. Un M. Reinhard, garde de Mgr le duc d'Orléans,
arriva à temps! Il tira sa carabine sur cette bête et la frappa par derrière, elle fit alors
vingt pas dans la plaine et puis tomba morte. On a reconnu que c'était un loup : il avait
32 pouces de hauteur. Après sa mort, 5 pieds 7 pouces et demi de longueur, et 3 pieds
de circonférence. Il pesait 150 livres. Le même jour, plusieurs habitants des villages
voisins qui avaient été attaqués à différentes époques par la bête féroce, furent appelés

pour la reconnaître: ils déclarèrent que c'était bien le même animal qui les avait attaqués, et qu'ils avaient vu précédemment. On lui a trouvé en outre la marque du coup de baïonnette que lui a porté le jeune Portefain.

M. Antoine de Beauterne, qui avait accompagné M. Antoine à Clermont, a conduit l'animal en chaise de poste à l'intendance ; on l'a fait embaumer et empailler. M. Antoine sera chargé de le conduire et présenter à Votre Majesté.

Les chirurgiens disséquèrent l'animal. L'estomac renfermait des os de mouton et des lambeaux d'étoffe rouge. Les muscles du cou étaient d'une force extraordinaire. Ses côtes étaient d'une élasticité exceptionnelle et lui donnaient la faculté singulière de se replier de la tête à la queue. Ses yeux étaient si étincelants qu'il n'était guère possible d'en soutenir le regard. Sa queue, d'une longueur et d'une grosseur incroyables, était hérissée de poils roux et noirs. Son aspect était celui d'une bête terrible. Le 1er octobre, M. Antoine en l'honneur de la présenter au roi.

Telle fut la fin de la bête du Gévaudan.

Le monde entier s'était occupé d'elle. Elle avait terrifié trois provinces. Ses ravages avaient duré quinze mois. On a compté quatre-vingt-trois personnes par elles dévorées, vingt-cinq ou trente blessées. Environ cent mille hommes avaient, en différentes fois, pris part aux chasses et battues entreprises pour la détruire. Les sommes dépensées dans ce but par l'État, et relevées aux manuscrits déposés à la Bibliothèque Nationale, s'élèvent à 29,614 livres.

La bête était donc un loup. Mais ce n'était pas un loup comme un autre, il choisissait ses victimes parmi les créatures humaines, et attaquait au lieu de fuir. Sa taille gigantesque, sa fourrure d'une couleur particulière et presque impénétrable aux projectiles, sa vigueur prodigieuse, sa souplesse due à la disposition particulière de ses côtes, tout en lui, autant que sa férocité même, le distinguait des loups les plus forts et les plus redoutables, et en faisait un individu absolument à part.

Mais il ne fut pas, dans son espèce, le premier fléau qui ait marqué dans l'histoire : au quinzième siècle, sous les rois Charles VI et Charles VII, et particulièrement en 1437, les loups faisaient rage.

« En ce temps-là, dit la chronique, les loups étaient si enragés de manger chair d'hommes, de femmes et d'enfants, spécialement tout comme le roi fut à Paris, que la dernière semaine de septembre 1437 étranglèrent et mangèrent quatorze personnes, que grands que petits, entre Montmartre et la porte Saint-Antoine. »

Or, l'un de ces loups était particulièrement redoutable. On l'appelait *Courtaud*, parce qu'il n'avait plus de queue. La terreur qu'il inspirait était si grande, qu'il était passé en proverbe de dire à ceux qui sortaient de Paris : « Gardez-vous de Courtaud. » On en parlait, dit le journal de 1437, *comme d'un larron de bois ou d'un cruel capitaine.* On voit que le quinzième siècle eut sa bête du Gévaudan.

(*L'Univers*, du 24 août 1877.)

Chalon-s-Saône, imp. Française et Orientale L. Marceau, E. Bertrand, Succ.

www.ingramcontent.com/pod-product-compliance
Lightning Source LLC
Chambersburg PA
CBHW051554070726
47594CB00017B/1592